지금 바로! 쏭쌤 & 이종대왕의 비접촉

초간단 교실 놀이백과

지금 바로! 쏭쌤 & 이종대왕의 비접촉
초간단 교실 놀이백과

제1판 제1쇄 발행 2020년 11월 03일
제1판 제2쇄 발행 2021년 02월 20일

지은이 송성근, 이종혁, 한미경 **그린이** 김우찬 **펴낸이** 조헌성 **펴낸곳** (주)미래와경영
ISBN 978-89-6287-213-2 03370 **값** 16,000원
출판등록 2000년 03월 24일 제25100-2006-000040호
주소 (08590) 서울특별시 금천구 가산디지털1로 84, 에이스하이엔드타워 8차 1106호
전화번호 02) 837-1107 **팩스번호** 02) 837-1108
홈페이지 www.fmbook.com **이메일** fmbook@naver.com

■ 좋은 책은 독자와 함께합니다.
책으로 펴내고 싶은 소중한 경험이나 지식, 아이디어를 이메일 fmbook@naver.com으로 보내주세요.
(주)미래와경영은 언제나 여러분께 열려 있습니다.

지금 바로!

쏭쌤 & 이종대왕의 비접촉

초간단 교실 놀이백과

송성근, 이종혁, 한미경 지음 | 김우찬 그림

미래와경영

수줍음 많아 보이던 학생이 놀이 시간만 되면 밝고 쾌활해집니다. 가라앉아 있던 학급 분위기도 놀이를 하면 금세 밝아집니다. 학기 초, 무슨 말부터 시작해야 할지 고민인 선생님에게 가벼운 놀이라면 편한 분위기에서 이야기가 잘 풀려 갑니다. 이것이 바로 '놀이'가 가진 힘입니다.

학급경영에 놀이를 적극적으로 활용하고 적용한 지 몇 해가 흘렀습니다. 하루에 1시간 이상은 어떤 놀이든 학급에 적용해 보고자 노력했고, 웬만한 놀이는 거의 다 해 보면서 제 스타일의 놀이를 직접 응용하고 개발한 지도 5년이 넘어갑니다.

쏭쌤은 왜 놀이에 미쳐 있는가?

초임 시절 학급경영을 잘하고 싶어 가장 관심을 가진 분야가 '보상체계'였습니다. 학생 개개인의 성취 의욕을 올리고 모둠 간 선의의 경쟁을 통해 선생님이 원하는 목표 지점으로 학급 전체를 원활하게 움직일 수 있는 매우 매력적인 방식이라고 생각했습니다.

하지만 교직 경력이 쌓일수록 이러한 '보상체계'의 한계에 부딪쳤으며, 특히 개인의 역량 차이에 따라 혜택의 정도가 결정나는 구체적 '보상체계'가 과연 올바른 해법인가를 되돌아보게 되었습니다.

그리고 학급경영의 중심을 어디에 두고 지도를 해야 할까 고민하던 중, 간간이 하던 '교실놀이'에서 눈이 번쩍 뜨였습니다. 학생 스스로의 동기 유발이 일어나며 성취 의욕까지 연결될 수 있는 것이 바로 '놀이'였습니다. 학생의 즐거움과 행복을 기반으로써 선생님이 원하는 방향으로 조절해 나간다면 놀이만큼 최고의 학급경영 방식은 없다고 생각합니다. 특히, 선생님과 학생 사이의 관계 형성이 중요한 요즘의 교육 현장 분위기에서 놀이는 나만의 전략적인 도구이자 나에 대한 호감도를 높일 수 있는 좋은 방식이 되었습니다.

학급경영에서 생활지도를 할 때 엄격하고 깐깐하게 하지만, 학습지도를 할 때는 최대한 재미있게 하려고 노력했습니다. 여기에 '놀이'가 아주 큰 역할을 하였습니다. 나는 학생들이 좋아하는 놀이를 안내해줬을 뿐인데 나에게 돌아오는 건 그 이상의 교육적 가치와 행복한 학급이었습니다.

학급경영에 놀이를 적용한 이유는?

학급경영을 할 때 가장 중요하게 생각하는 부분이 '관계 형성'과 '인성'입니다. 선생님은 교육을 하는 데에 있어 가르치는 것뿐만 아니라 그것과 관련된 인간관계에 신경 쓰며 관리를 해야 합니다. 지식을 전달하는 일보다 오히려 이러한 부분이 선생님의 고충이 될 수 있습니다. 여기서의 인간관계는 학생과 학생과의 관계, 선생님과 학생과의 관계, 선생님과 학부모와의 관계로 나눌 수 있습니다.

학생이 학교를 다니는 중요한 이유 중의 하나가 바로 '친구'입니다. 친구와의 관계가 틀어지고 어려움을 겪는다면 해당 학생, 학부모, 선생님 모두 힘들게 됩니다. 이를 해결할 수 있는 것이 바로 평상시에 하는 '놀이'입니다. 학생과 학생이 서로 친밀감을 느낄 수 있는 학급을 만들기 위해서는 '친교놀이와 협력놀이'가 해답입니다. 서로의 이름을 부르며 하는 놀이, 모둠원 간의 협력을 통해 함께 뭔가를 이루는 놀이. 이러한 놀이는 자연스러운 분위기 속에서 '함께' 웃으며 '함께'라는 가치를 높일 수 있습니다.

선생님과 학생과의 관계에도 '놀이'는 큰 몫을 합니다. '무섭고 딱딱한 선생님?', '부드럽고 친절한 선생님?' 등 학생들은 선생님을 나름의 기준으로 평가합니다. 그러한 이미지에 따라 학급에서 자신이 어떻게 행동할지 생각합니다. 서로의 관계가 너무 가까워도 안 되며 너무 멀어도 안 되는 것이 선생님과 학생과의 관계입니다. 그야말로 연애할 때 사용하는 '밀당'을 잘해야 합니다. 여기에 '놀이'는 두 관계를 완충시켜 주는 매력적인 도구가 됩니다. '우리 반 선생님은 숙제도 많이 내주시고 단호하지만 우리에게 놀거리를 많이 주셔.'라는 믿음이 형성된다면 선생님이 원하는 교육방식 적용이 보다 수월하게 이루어집니다.

이렇게 형성된 선생님과 학생과의 관계는 학부모와의 관계에도 많은 영향을 미칩니다. 긍정적인 이미지로 평가되는 선생님은 학부모와의 우호적인 관계 형성에 도움이 됩니다. 이렇게 만들어진 학생-선생님-학부모와의 긍정적인 관계로 안정적인 학급경영의 기초를 마련할 수 있습니다.

이런 시기에도 놀이를?

언택트 시대라고 불리는 전례 없는 상황이 발생하였습니다. 아무렇지 않게 생각하고 생활했던 공동 물품 사용, 친구 간의 신체 접촉, 모둠 활동 등이 모두 금지되는 상황으로 선생님과 학생 모두 힘든 시기가 되었습니다. 이렇게 비접촉인 상황에서의 등교수업은 암울했습니다. 편하게 행동을 못 하니 뭔가 부자연스럽고 마음도 답답해져 갔습니다.

학교에 나온 이상 모두가 심리적으로 편하고 즐거웠으면 좋겠다는 생각으로 비접촉인 상태로 제자리에서 가능한 놀이들로 접근을 시작하였더니 마스크 너머 웃는 표정과 함께 웃음소리가 학급에 생기를 불어넣어 주었습니다. 자주 볼 수 없어 서먹했던 친구와의 소통거리가 생기고 보다 편안해진 학급 분위기가 조금씩 만들어지는 것을 느꼈습니다. 짧게는 5분, 길게는 20분 정도의 놀이를 수업 중간중간 섞어서 풀어 보았습니다.

그동안 제가 믿고 있었던 '놀이의 힘'은 어떤 상황에서도 변함이 없었습니다. 오히려 이런 암울한 상황에서 모두에게 행복감을 줄 수 있는 시간이 더 많았으면 좋겠다는 생각을 하였습니다. 일주일에 하루 있는 등교수업이 몹시도 기다려지고 재미있어 하는 학생이 많아지면서 보람도 커갔습니다.

비접촉 놀이는 언택트 시대에만 가능?

언택트 시대에 맞춰 구성된 비접촉 놀이. 과연 언택트 상황에만 가능할까요? 결론은 절대 그렇지 않다는 것입니다. 사실 평소 놀이를 구상할 때 학생들끼리의 적당한 신체 접촉과 간단한 용품 사용을 기본으로 생각합니다. 이런 기본을 없애고 보수적인 조건으로 만들어진 비접촉 놀이를 다시 천천히 검토하니 오히려 많은 강점을 가진 놀이라는 생각이 들었습니다.

평소 교실놀이로 연수 시 여러 선생님과 대화를 하다 보면 놀이가 좋은 건 알겠지만 자주 활용하지 않게 된다는 말을 종종 들었습니다. 놀이를 적용시키기 위한 준비 단계와 진행할 때의 수고로움으로 인해 부담이 된다는 이유 때문입니다. 제자리에서 용품 없이 진행되는 비접촉 놀이는 이런 수고로움이나 부담을 덜어 줄 수 있습니다. 언제든 제자리에서 놀이 관련 영상을 보여 주고 바로 적용이 가능하며, 놀이에 따라 선생님의 개입이 전혀 필요하지 않은 것도 있어 놀이를 평소 적용하고 싶었으나 망설였던 선생님에게는 좋은 마중물과 같은 활동거리가 됩니다.

사람이 살아가는 데 있어 '행복'이라는 감정은 매우 중요합니다. 이런 행복이라는 감정은 서로가 나누고 함께할수록 자연스럽게 커집니다. 놀이를 통해 학생이 행복을 느꼈다면 그 행복은 반드시 선생님에게 이어집니다. 이것이 바로 제가 원하는 선순환하는 학급 시스템입니다. 안정적인 시스템을 잘 구성해 나간다면 앞으로의 교직생활도 '잘할 수 있다.'라는 자신감을 바탕으로 편안하고 안정적으로 이어질 것입니다. 그래서 대한민국의 모든 선생님이 어떠한 힘든 상황 속에서도 행복한 교직생활을 만들어 갔으면 좋겠습니다.

이렇게 행복한 마음으로 놀이 및 학급경영자료 공유 활동을 하는 데 가장 많은 도움을 준 가족(김주영 선생님, 송우현 군)에게 감사한 마음을 전합니다. 개인적인 일과 가정과의 균형감 있는 조화로움을 바탕으로 행복한 나의 인생을 위해 노력하겠습니다. 그 속에서 저에게 항상 힘을 주는 친구 '이종대왕' 님에게 감사함을 전합니다.

'쏭쌤'이라는 닉네임으로 활동할 수 있게 해 주시는 「쏭쌤의 놀이로 푸는 초등학급경영(네이버 밴드)」 회원 선생님들과 「쏭쌤TV(유튜브)」 구독자 님께도 감사의 마음을 전합니다. 앞으로도 초심을 잃지 않고 꾸준하고 성실하게 활동하겠습니다. 정말 감사드립니다.

\- 쏭쌤, 송성근

간단하면서 제자리에서 할 수 있으며 비접촉으로 안전하게 활동하는 놀이? 이 조건들을 모두 충족시켰을 때 과연 '놀이다운 놀이'가 있을까 의심했습니다.

그래서 처음 이런 제안을 받았을 때는 '그런 놀이가 재미있긴 할까요?'라며 반신반의했습니다. 하지만 연구를 하면 할수록 생각보다 많은 놀이가 이미 그러한 조건들을 충족했거나 아니면 조금만 규칙을 바꾸면 충분히 가능했습니다. 실제 학급에서 학생들과 안전수칙을 지키며 하나하나 실천해 보며 마음이 들뜨기 시작했습니다. 모두가 이런 시국에 놀이는 아니라고 했지만 분명 가능한 놀이가 많았으며, 수많은 학생들의 교실을 놀이로 환하게 비춰 줄 수 있을 것이라는 확신이 들기 시작했기 때문입니다.

이번 책은 기존의 수많은 놀이 중 언택트로도 충분히 즐겁게 활동이 가능한 것을 선별하여 약간의 변형을 거친 활동들로 수록했습니다. 시험 대형에서 마스크 쓰고 거리를 두며 비접촉으로도 놀이가 가능하기 때문에 일반적인 상황에서는 더욱 쉽고 간편하게 적용이 가능한 활동입니다. 어려운 시기에 작은 빛이 되었으면 하고 미래에도 활용가치가 높은 놀이 서적이 되었으면 하는 바람입니다.

이종대왕 유튜브는 앞으로도 끊임없이 상황에 맞는 좋은 놀이들을 업로드할 예정입니다. 그리고 놀이를 배우고 싶은 선생님들이 있다면 제 온 힘을 다해 아낌없이 아이디어를 나눔하겠습니다.

또 한 번 책을 내는 데 많은 힘을 준 쏭쌤과 삽화를 그려준 이종대왕 미술팀의 우찬이, 그리고 늘 아이디어의 가치를 신뢰하는 미래와경영에 감사의 말씀을 드립니다.

- 이종대왕, 이종혁

CONTENTS

몸과 마음이 풀어지는
스트레칭 활동

스트레칭 활동 2종 세트

▶해당 영역 : 준비운동
▶준비물 : 없음

활동영상 보러가기

#몸_풀기 #바로_가능 #원격수업+등교수업

💬 활동소개

몸을 풀기 위해서는 스트레칭만한 활동이 없습니다. 평소 교실에서 신체놀이 전 준비운동으로도 좋고, 학교에서 일과 중 뻣뻣하게 굳은 신체를 풀어 주기에도 좋으며, 원격수업으로 지친 학생들에게 신체를 활용할 수 있는 활동으로 제시해도 좋은 스트레칭 활동 2종을 소개합니다. 책상에 앉은 상태에서도 가능하고 제자리에 서서도 가능한 2가지 종류의 스트레칭으로 몸과 마음을 풀어 줍니다.

💬 활동의 실제

1. 놀이 전 준비

① 스트레칭을 할 수 있는 공간을 확보한다.

- 책상 스트레칭 : 의자에 앉아서 활동

- 서서 하는 전신 스트레칭 : 책상을 앞에 두고 서서 하는 활동

2. 놀이방법

놀이 ❶ 책상 스트레칭

① 책상에 앉은 상태로 영상을 보고 따라 하며 스트레칭을 한다.

☞ 영상 보기 : <유튜브 채널> 쏭쌤 TV '책상 스트레칭'

① 관절과 근육을 당길 때에는 호흡을 내쉬면서 스트레칭을 한다.

③ 스트레칭 순서 : 목 → 어깨 → 손목 → 몸통 → 허리 → 다리 → 마무리

④ 너무 무리하게 당기기보다는 적당한 수준에서 무리가 가지 않게 활동한다.

놀이 ❷ 서서 하는 전신 스트레칭

① 책상을 앞에 두고 서 있는 상태로 영상을 따라하며 스트레칭을 한다.

☞ 영상 보기 : <유튜브 채널> 쏭쌤 TV '서서 하는 전신 스트레칭'

② 관절과 근육을 당길 때에는 호흡을 내쉬면서 스트레칭을 한다.

③ 스트레칭 순서 : 목 → 어깨 → 몸통 → 허리 → 상체 → 다리 → 상체 → 숨쉬기

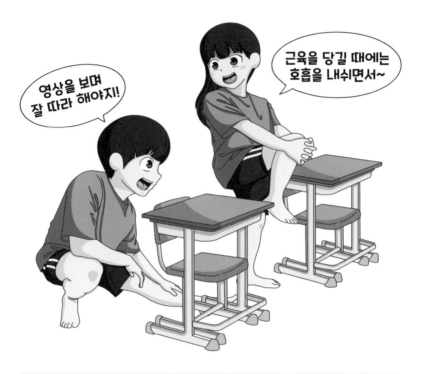

ℹ️ **활동 유의사항 및 TIP** ─────────────

1. 너무 무리하게 당기기보다는 적당한 수준에서 무리가 가지 않게 활동
   합니다.
2. 편안한 마음으로 안정적인 호흡을 하며 스트레칭을 합니다.
3. 유튜브에 '스트레칭' 영상 자료가 많이 있으므로 원격수업 또는 등교
   수업 시 틈틈이 활용합니다.

비접촉 놀이로 신나는
교실 만들기

책상 돌아 가위바위보
3종 세트

활동영상 보러가기

▶해당 영역 : 친교놀이
▶준비물 : 없음

#가위바위보_놀이 #3종 #책상놀이

🗨 활동소개

자기의 책상 주위를 돌며 점수를 획득하는 놀이입니다. 위치에 따라 1단계부터 4단계를 이해시키고 가위바위보를 하며 점수를 쌓아 가는 놀이입니다. 놀이는 3종으로 '놀이❶'부터 활동해 보길 추천합니다. 언제든 쉽게 적용시킬 수 있는 재미있는 가위바위보 놀이입니다.

🗨 활동의 실제

1. 놀이 전 준비

① 책상이 벽 쪽에 붙어 있다면 조금 이동시켜 공간을 만든다.

② 놀이 전 위치에 따른 단계를 이해시킨다.

- 1단계 : 의자에 앉아 있는 상태
- 2단계 : 책상 왼쪽에 서 있는 상태
- 3단계 : 의자 뒤에 서 있는 상태
- 4단계 : 책상 오른쪽에 서 있는 상태
- 다시 1단계 : 의자에 앉아 있는 상태 (1득점)

③ 4단계를 거쳐 다시 1단계로 돌아오면 1득점하게 된다.

2. 놀이방법

놀이 ❶ 술래와 가위바위보

① 술래 1명이 칠판 앞에 선다.

- 활동 초반에는 선생님이 술래 역할을 하며, 어느 정도 적응이 된 후에는 학생이 술래가 되어 활동한다.

② 술래와 가위바위보를 해서 조건에 해당한 학생만 "만세!"를 외치며 다음 단계로 간다. 술래가 가위바위보를 하기 전 해당 조건을 말한 후 가위바위보를 실시한다.

조건) 이기거나 비긴 경우, 지거나 비긴 경우, 비긴 경우, 진 경우 등

③ 4단계 후 다시 1단계가 되면 1득점하며 득점 후에도 계속해서 활동에 참여한다.

   - 자신의 단계나 점수는 양심껏 관리한다.

④ 술래와 가위바위보를 일정한 시간 동안(예 : 5분) 계속해서 진행한다.

⑤ 일정한 시간 후 다득점한 학생이 우승한다.

놀이 ❷   **친구끼리 가위바위보**

① 모두 자리에 앉아 있는 상태(1단계)에서 누구와도 가위바위보를 할

   수 있다.

② 친구끼리 가위바위보를 해서 이긴 학생만 "만세!"를 외치며 다음 단계로 올라간다.

   - 가위바위보에서 진 학생은 그 단계에 머무른다.

③ 계속해서 주변 친구와 가위바위보를 하되 최대한 가위바위보를 안 했던 친구를 찾아 가위바위보를 한다. (여러 친구와 활동)

④ 4단계 후 다시 1단계가 되면 1득점한다.

   - 자신의 단계나 점수는 양심껏 관리한다.

⑤ 일정한 시간 후 다득점한 학생이 우승한다.

놀이 ❸ 같은 단계의 친구와 가위바위보

① 처음에는 모두 자리에 앉아 있는 상태(1단계)에서 누구와도 가위바위보를 할 수 있다.

② 가위바위보에서 이긴 학생만 "만세!"를 외치며 다음 단계로 올라간다.

   예) 1단계에서 이긴 친구 : 2단계

      1단계에서 진 친구 : 1단계

③ 자신이 있는 위치와 같은 친구(같은 단계)를 찾아 가위바위보를 한다.

   - 같은 단계가 아닌 친구와는 가위바위보를 할 수 없다.

   - 같은 단계의 친구가 없다면, 기다리다 보면 같은 단계의 친구가 생긴다.

④ 4단계 후 다시 1단계가 되면 1득점한다.

   - 자신의 단계나 점수는 양심껏 관리한다.

⑤ 일정한 시간 후 다득점한 학생이 우승한다.

ⓘ 활동 유의사항 및 TIP ────────

1. 책상 주위를 도는 활동으로 책상과 책상 사이의 간격, 책상과 벽 사이

의 간격을 잘 벌리고 활동을 합니다.

2. 활동이 종료 된 후 점수가 낮은 학생부터 점수가 높은 학생 순으로 점수를 부르며 모든 학생이 박수를 받을 수 있도록 합니다.

3. 손으로 하는 가위바위보를 한 후 놀이를 이해하였다면 전신을 활용한 '팔벌려 가위바위보'를 해 보는 것도 좋습니다. 신체 활용도가 높아져 활동량이 더욱 증가합니다.

4. 책상 돌아 가위바위보 놀이3은 '레벨업 가위바위보' 형태입니다. 레벨업 가위바위보의 특성을 이해합니다.

   1) 기존 가위바위보는 친한 친구와만 하려는 경향을 보입니다. 하지만 레벨업 가위바위보는 같은 레벨이라면 누구와도 편하게 가위바위보 하려는 경향을 볼 수 있습니다.

   2) 레벨업 가위바위보 형태의 놀이는 다양하게 적용이 가능합니다. 다음 중 활동 시간에 따라 선택해서 활용하면 좋습니다.

   방식 1) 이기면 1단계 올라가고 지면 그 단계를 유지하는 방식

   방식 2) 이기면 1단계 올라가고 지면 이전 1단계 내려가는 방식

   방식 3) 이기면 1단계 올라가고 지면 처음 1단계로 내려가는 방식

   3) 레벨을 나타내는 방법은 다양합니다. 편리한 방법을 선택해서 활용하세요.

   방법 1) 자신의 레벨을 머리 위의 손가락으로 나타내는 방법

   방법 2) 물건 개수로 자신의 레벨을 나타내는 방법 (예 : 색연필)

   방법 3) 동작으로 자신의 레벨을 나타내는 방법 (예 : 동물의 한살이)

   방법 4) 자신이 서 있는 위치로 레벨을 나타내는 방법 (예 : 책상 주변에 서 있는 위치)

놀이로 푸는 학급경영

너도? 나도!

▶해당 영역 : 친교놀이
▶준비물 : 연필, 종이

#친구사귀기 #공감 #초간단

🗨 활동소개

'너도? 나도!'는 유명한 보드 게임을 교실에 적용한 놀이입니다.

보드 게임이지만 도구가 필요 없기 때문에 교실에서 종이와 연필만 있으면 쉽게 즐길 수 있는 활동입니다. 또한 단순히 놀이를 놀이로써 끝내는 것이 아니라 학급경영과 연계하여 의미 있게 활동할 수 있습니다. 친구를 사귀기 어려운 학생들을 위해 이 활동을 추천합니다.

🗨 활동의 실제

1. 놀이 전 준비

① 놀이에 활용할 주제를 먼저 생각해 놓는다.

　예) 좋아하는 동물, 먹고 싶은 음식, 교실에 있는 물건 등

② 모두 종이와 연필을 준비한다.

2. 놀이방법

① 선생님이 주제를 한 개 제시한다.

　예) 칠판에 좋아하는 동물 적기

② 학생들은 생각나는 단어 5개를 종이에 적는다.

　예) 강아지, 고양이, 팬더, 너구리, 펭귄

③ 뽑기 프로그램으로 선정된 학생이 적은 단어 중 한 개를 외친다.

　예) 팬더!

④ 같은 단어(팬더)를 적은 학생이 손을 들며 "나도!"라고 외친다.

⑤ 학생들이 손을 들고 있으면 선생님은 손을 든 학생의 수를 세어 점수를 알려 준다.

　예) 5명이 손을 들면 단어를 말한 학생을 포함하면 6명이 그 단어를 적었기 때문에 6점이 된다.

⑥ 그 단어를 적은 학생은 모두 단어 옆에 6점을 적는다.

⑦ 이어서 다음 뽑기 프로그램에 뽑힌 학생이 단어를 이야기하며 계속해서 점수를 체크한다.

⑧ 일정 시간이 지났거나 모든 학생이 한 번씩 단어를 이야기했을 때 활동을 끝낸다.

⑨ 자신이 획득한 점수의 총합을 계산하여 다득점한 학생이 우승한다.

🛈 활동 유의사항 및 TIP

친구를 사귀기 어려운 학생들에게

활동을 하기 전에 학생들에게 아래와 같이 멘트를 한다면 친구를 사귀기 어려운 학생들에게 도움이 됩니다.

"이 활동을 하다 보면 내가 손을 들었을 때 나와 같이 손을 드는 친구들을 쉽게 찾아볼 수 있습니다. 그리고 계속해서 나와 중복된 단어에 손을 드는 친구들을 관찰할 수 있을 것입니다. 그 친구들은 나와 공감대가 비슷한 학생들일 확률이 높기 때문에 활동이 끝난 뒤 그 단어를 주제로 대화를 나누면 좋습니다. 친구를 사귀기 위해 가장 중요한 것은 대화가 잘 통하는 것이고, 대화가 잘 통하기 위해서는 공감대가 잘 형성되어야 하기 때문입니다."

배운 내용을 주제로

배운 내용을 주제 단어로 선정하면 좋습니다. 필자는 3학년 사회의 우리 고장을 가르치면서 우리 고장에서 볼 수 있는 것을 주제로 했으며, 그 외 6학년 사회의 국가나 대륙, 5학년 사회의 선사시대의 도구나 삼국시대

유물, 인물, 문화재 등을 주제로 하여 좋은 반응을 이끌어 냈습니다. 동식물, 계절을 주제로 해도 쉽게 활동할 수 있습니다.

팀 경쟁 방식

개인전이 아닌 팀 경쟁 방식으로 변형할 수 있습니다.

먼저 학급을 두 팀으로 나누고 칠판에 A팀, B팀을 적습니다.

A팀에서 먼저 한 명이 단어를 말하면 A팀에서만 단어를 적은 학생이 손을 듭니다. 그리고 그 합을 칠판에 적습니다.

B팀이 말할 때도 B팀에서만 단어를 적은 학생이 손을 들고 그 합을 칠판에 적습니다. 이때 다른 팀에서 말한 단어는 말할 수 없습니다.

예를 들어 A팀에서 펭귄을 말했다면 B팀은 펭귄을 말할 수 없습니다.

어느 정도 시간이 흐른 뒤 더 높은 점수를 얻은 팀이 승리합니다.

핵심단어 로또

▶ 해당 영역 : **수업놀이**
▶ 준비물 : **연필, 종이**

#핵심단어 #집중력 #행운

핵심단어 로또

▶ 해당 영역 : **수업놀이**
▶ 준비물 : **연필, 종이**

#핵심단어 #집중력 #행운

32

🗨 활동소개

'핵심단어 로또'는 학생들이 얼마나 수업시간에 집중을 잘했는지 파악할 수 있는 활동입니다. 또한 미리 수업 전에 핵심단어 로또를 한다고 예고하면 학생들의 수업 집중력과 참여도를 쉽게 끌어올릴 수 있는 좋은 수업활동입니다. 수업활동 이외에 학기 초 선생님에 대한 소개활동이나 교실놀이로도 활용할 수 있습니다.

🗨 활동의 실제

1. 놀이 전 준비

① 주제에 맞는 단어 5가지를 순위를 정해 선생님이 미리 종이에 적어 둔다.

　　예) 주제가 음식이었다면

　　　1위 : 치킨, 2위 : 삼겹살, 3위 : 김밥, 4위 : 떡볶이, 5위 : 회

2. 놀이방법

① 선생님이 주제를 제시한다. 주제는 이번 시간 또는 오늘 배운 내용이 좋고, 그 외 1단원 핵심단어와 같이 단원을 주제로 준다거나 조선시대의 대표적 인물 등으로 해도 좋다.

② 학생들은 주제에 맞는 단어 5개를 중요한 순으로 1위부터 5위까지 적는다.

③ 학생들이 모두 단어를 적으면 선생님은 5위부터 순위를 발표한다.

④ 만약 선생님과 같은 순위에 단어를 적으면 3점을 체크한다.

⑤ 만약 단어는 같지만 순위가 다르면 1점을 체크한다.

　　예) 선생님은 4위 떡볶이, 학생은 3위에 떡볶이가 있다면 1점이 된다.

⑥ 점수를 합산하여 오늘의 행운 로또 당첨자를 선정한다.

미리 공지하기

이 활동은 갑자기 하는 것보다 그 주제를 배우기 전에 미리 공지하는 것이 좋습니다. 그리고 약간의 보상을 건다면 학생들의 수업 집중력을 끌어올릴 수 있습니다. 수업시간에 선생님이 강조한 부분에 대해 열심히 필기하고 교과서에 표시한다면 더욱 로또에 당첨될 확률이 높다고 말해 줍니다. 그러면 학생들은 선생님이 강조하는 말 하나하나를 놓치지 않고 메모하는 모습을 볼 수 있습니다.

로또 당첨자

로또에 당첨된 학생에게 주는 최고의 보상은 무엇일까요? 가장 인기가 많았던 보상은 다름 아니라 다음 로또활동을 할 때 선생님이 아닌 당첨된 학생에게 단어를 적는 기회를 주는 것입니다. 그리고 로또 단어 발표까지 시켜주면 그 자체가 최고의 보상이 됩니다.

도미노 박수

▶ 해당 영역 : 친교놀이
▶ 준비물 : 타이머

활동영상 보러가기

#협동 #단합 #배려

🗨 활동소개

'도미노 박수'는 단결심을 키우기에 매우 좋고, 단순하지만 학생들이 굉장히 좋아하는 활동입니다. 또한 학급 분위기를 긍정적으로 바꾸는 데도 매우 효과적입니다. 물론 단순히 활동만 한다고 해서 반 분위기가 긍정적으로 바뀌는 것을 기대하면 안 되며, 활동을 하기 전 선생님의 멘트가 결과를 좌지우지한다는 점을 잊어서도 안 됩니다.

🗨 활동의 실제

1. 놀이 전 준비

① 박수를 칠 순서를 정한다. 1분단의 맨 앞 학생부터 한 명씩 차례대로 맨 뒤 학생까지 박수를 치는 식으로 모든 학생이 한 번씩 박수를 칠 순서를 정하면 된다.

② 타이머를 다운받아 TV 화면에 띄워 놓는다. 이때 타이머는 초 단위가 '3초 53'처럼 1/100까지 나오는 것이 좋다.

2. 놀이방법

① 선생님이 타이머를 누른다.

② 순서대로 학생들이 박수를 한 번씩 차례대로 친다.

③ 마지막 학생이 박수를 쳤을 때 선생님은 타이머를 멈추고 기록을 보여 준다.

④ 다시 도전하여 첫 번째 기록을 경신한다.

⑤ 기록 경신에 성공하면 세계 신기록 도전이라고 하고, 다시 1초 정도 더 빠르게 도전한다.

⑥ 기록 달성에 성공하면 모두 박수를 치며 축하한다.

ⓘ 활동 유의사항 및 TIP

무한 긍정의 학급 만들기

활동을 하기 전에 학생들에게 아래와 같이 멘트를 하면 무한 긍정의 학급을 만드는 데 도움이 됩니다.

"이 활동을 하다 보면 누군가 실수했을 때 비난하고 탓을 하는 친구들이 있습니다. 선생님은 사실 기록 달성보다는 그 점에 집중할 것입니다. 과연 우리 반 친구들은 누군가 실수했을 때 비난하고 탓을 하는 친구들인지 아니면 '괜찮아' 할 수 있어라며 오히려 격려하고 응원하는 멋진 친구들인지...
만약 우리 반 친구들이 실수한 친구를 응원하고 격려하는 그런 학생들이라면 선생님은 얼마든지 이런 활동을 앞으로도 시켜줄 수 있습니다."

어쩌면 실수한 학생을 탓하고 비난할 수 있었지만 선생님의 멘트 한마디로 인해 눈치 빠른 학생들이 먼저 "괜찮아!" "할 수 있어!"를 외쳐 주게 되며, 점점 긍정적인 놀이문화가 형성이 되기 마련입니다. 이 활동 이외에도 팀협동이나 경쟁활동을 할 때마다 이 멘트를 한다면 놀이의 분위기가 180도 바뀌게 됩니다.

박수 이외에도

박수 이외에 본인의 이름을 외치는 식으로 릴레이로 활동할 수 있습니다. 학기 초에 자신의 이름을 소개하기 좋은 활동입니다. 또한 동물, 음식, 교통수단 등 다양한 단어를 나열할 수 있을 때 활용하면 좋습니다.

D-day 활동

▶해당 영역 : **학급경영**
▶준비물 : **없음**

#학급경영 #단기목표 #성취

💬 활동소개

'D-day 활동'은 놀이가 아닌 학급경영 방법입니다.

학급에 특별한 문제가 있거나 부족한 부분이 보일 때 말로만 지적하는 것보다 단기적인 목표를 제시하고 학급 전체가 함께 노력하여 성취해서 큰만족을 얻을 수 있는 활동입니다.

💬 활동의 실제

1. 놀이 전 준비

① 학급에 부족한 부분이나 문제가 생겼을 때 활용한다.

예) 발표력이 부족, 1인1역이 잘 안 될 때, 비속어가 많이 들릴 때 등

2. 놀이방법

① 칠판에 'D-3 발표 잘하는 우리 반' 이라고 적는다.

② 그리고 학생들에게 다음과 같이 멘트를 한다.

"요즘 우리 반의 발표력이 많이 부족한 것 같습니다. 수업은 선생님과 여러분이 함께 만들어가는 것입니다. 오늘부터 3일 동안 발표력 향상을 위해 모두가 함께 노력해 봅시다. 3일 동안 조금이라도 노력하는 모습, 성장하는 모습을 보여 준다면 3일 뒤에 선생님은 인성교육으로 교실놀이를 시켜줄 수 있습니다."

③ 3일 동안 칠판에 게시해 놓고 틈틈이 학생들에게 강조하며, 특히 학생들이 정말 노력하는 모습을 보일 때는 아끼지 않고 칭찬을 하며 계속 독려한다.

④ D-day 기간이 끝났을 때 충분히 노력하는 모습을 학생들이 보여 줬다면 성과에 상관없이 놀이를 시켜 주며, 이때 다음과 같이 멘트를 한다.

"결과보다 모두가 힘을 합쳐 노력하는 모습이 충분히 보였기 때문에 우리가 지금 이 시간에 놀이를 할 수 있는 것이며, 앞으로 디데이 기간이 아니라도 계속해서 노력하는 모습을 보인다면 선생님은 잊지 않고 인성교육으로 교실놀이를 할 수 있습니다."

🛈 활동 유의사항 및 TIP ────────────────

계속되는 성공 경험

성공이라는 것도 결국 작은 계획과 수많은 실천 그리고 달성의 과정을 거듭하면서 이루는 것입니다. 한순간에 큰 성공을 거두긴 어렵지만 단계를 밟아 차근차근 꾸준하게 나아가며 계속되는 작은 성공의 기회를 준다면 어느 순간 학급경영의 성공이라는 결실을 맺을 수 있습니다. 이는 학생뿐 아니라 선생님에게도 좋은 활동입니다.

'성공은 어느 한순간에 얻어지는 것이 아니다.
조금씩의 계획에 의해 완성되는 것이다.'

〈프래터널 모니터〉

난이도에 따라 기간은 융통성 있게

발표나 1인1역, 우유 마시기 등은 짧게 기간을 설정해도 충분히 효과가 있습니다. 하지만 다툼이나 비속어 등 학교폭력과 관련된 문제는 기간을 조금 길게 잡고 끊임없이 노력하고 생각하도록 하는 것이 효과적입니다. 그리고 그에 따른 보상도 크게 주는 것이 좋습니다.

좌뇌우뇌 테스트

▶ 해당 영역 : 학급경영
▶ 준비물 : 없음

#협동 #단합 #배려

'좌뇌우뇌 테스트'는 뇌 관련 전문 박사가 공중파 TV에서 했던 활동입니다. 이 테스트를 과학적으로 맹신하는 것은 아닙니다. 어떻게 학급경영과 인성 교육에 활용할지에 주안점을 두고 소개한다는 것을 미리 밝힙니다.

🗨 **활동의 실제**

1. 놀이 전 준비

① 미리 좌뇌와 우뇌의 특성에 대해 학생들에게 설명한다. 좌뇌와 우뇌의 특징은 인터넷에 검색하면 쉽게 찾을 수 있다.

2. 놀이방법

① 총 3단계의 테스트를 진행한다.
- 1단계 : 양손을 깍지 꼈을 때 왼쪽 엄지가 올라가면 '우뇌형', 오른쪽 엄지가 올라가면 '좌뇌형'
- 2단계 : 양손을 팔짱 꼈을 때 왼쪽 팔이 올라가면 '우뇌형', 오른쪽 팔이 올라가 면 '좌뇌형'
- 3단계 : 회전하는 여자의 방향이 시계 방향이면 '우뇌형', 반시계 방향이면 '좌뇌형'
  ☞ 이종대왕 블로그(blog:naver.com/ljh6969) 공지글 참조

② 3단계의 테스트 결과 중 2개 이상 나온 것이 좌뇌이면 '좌뇌형', 우뇌이면 '우뇌형' 이 된다.
③ 좌뇌형이 나온 학생들은 모두 뒤로 나가게 하고, 우뇌형이 나온 학생들은 모두 앞으로 나오게 한다.
④ 좌뇌형부터 각 모둠에 골고루 배치시킨 뒤 우뇌형 학생들도 남은 자리에 골고루 앉힌다.

⑤ 그리고 다음과 같이 멘트를 한다.

"3가지 좌뇌우뇌 테스트를 통해 서로가 습관이 다르고 같은 것을 다르게 볼 수 있다는 것을 깨달았습니다. 서로가 이처럼 다르기 때문에 이를 인정하고 생활하는 것이 중요합니다. 매일 장난만 치고 농담만 하는 친구를 무시할 것이 아니라 그 속에 빛나는 아이디어가 있을 수 있으므로 좀 더 귀담아 들어야 합니다. 그리고 조용하고 재미가 없는 친구지만 정리를 잘하는 학생의 장점을 살려 모둠활동할 때 나온 아이디어들을 기록하게 한다면 부족한 점을 상호보완하며 모두의 장점을 살린 멋진 팀을 만들 수 있습니다."

ⓘ 활동 유의사항 및 TIP

양방향으로 보이는 학생들

3번째 테스트의 경우 한 방향이 아닌 양방향으로 보이는 학생들이 있습니다. 이 경우 처음 회전한 방향을 기억하라고 말해 줍니다.

뒷판에 게시

좌뇌우뇌활동을 하고 특징을 설명한 뒤 자신의 얼굴을 그리고, 본인이 가진 좌뇌형의 특징과 우뇌형의 특징을 기록하고 꾸민 뒤 뒷판에 게시해 두는 것도 좋습니다. 모둠활동을 할 때 늘 다투는 친구들이 있다면 둘의 특성을 참고하여 서로 다름을 이해할 수 있도록 합니다.

친구 이름으로 하는
즐거운 빙고 놀이

친구 이름 빙고 놀이 2종 세트

▶ 해당 영역 : 학급경영
▶ 준비물 : 없음

활동영상 보러가기

#이름빙고 #친구이름_외우기 #학기초_추천

💬 활동소개

학기 초 서먹한 분위기를 깨기 좋은 활동을 소개합니다. 친구의 이름을 활용해 단어를 만드는 빙고 놀이 2종입니다. 학기 초는 학급 학생들끼리 서로 친해질 수 있는 분위기를 조성하는 것이 중요합니다. 친구의 이름과 얼굴을 익힐 수 있는 좋은 놀이 활동이므로 한번 시도해 보길 추천합니다.

💬 활동의 실제

1. 놀이 전 준비

① 빙고 학습지를 준비한다.

    ☞ 놀이자료 다운 : <네이버 밴드> '쏭쌤의 놀이로 푸는 초등학급경영'

② 선생님의 이름을 칠판에 적으며 간단히 소개한다.

③ 학생 한 명씩 자신의 이름을 소개한다.

    - 접촉이 가능한 경우 직접 칠판에 나와서 자신의 이름을 쓰며 소개한다.

    - 접촉이 불가능할 경우 학생은 자신의 자리에서 이름을 말하며 소개를 하고, 선생님이 칠판에 학생의 이름을 적는다.

2. 놀이방법

놀이 ❶ 친구 이름 빙고 놀이 1

① 빙고 칸에 친구의 이름을 적고 친구 이름을 이용하여 국어사전에 나오는 단어를 만든다.

    - 친구 이름을 적고 선생님과 반 전체 학생이 단어를 함께 만든다.

    - 최대한 쉬운 단어를 만들어야 빙고를 만들기 쉽다.

② 모든 빙고 칸에 친구의 이름과 이름을 활용해 만든 단어를 적는다.

③ 모든 학생이 단어를 적었다면 빙고 놀이를 시작하며 단어만 말한다.

④ 친구가 말한 단어가 빙고 학습지에 있다면 동그라미를 친다.

- 친구의 이름과 상관없이 단어만 같으면 동그라미를 칠 수 있다.

- 해당하는 단어가 누구의 이름인지 함께 맞혀 본다.

⑤ 해당하는 친구가 다음 순서를 이어 받아 계속해서 빙고 놀이를 한다.

⑥ 정해진 빙고가 나오면 "빙고!"라고 외친다.

놀이 ❷ ▶ 친구 이름 빙고 놀이 2

① 놀이 전 준비활동은 '놀이❶'과 동일하다.

② 두 명의 친구 이름만을 활용해 두 글자 단어를 만든다.

- 단어는 두 글자로 만든다.

- 새로 만든 단어가 친구의 이름이라도 상관없다.

③ 빙고 칸을 모두 채운 학생은 선생님의 검사를 받는다.

- 빙고 순서지를 준비하여 자신이 원하는 단어 부를 순서를 정한다. (재량)

- 빙고 순서지는 학급 인원수만큼의 숫자가 적혀 있는 종이로 자신이 몇 번째 순
서에 단어를 부를지 자신이 선택할 수 있으며, 단어 부를 순서를 사전에 정하게
되어 보다 원활하게 활동이 된다.

④ 빙고 부를 순서대로 한 명씩 친구 이름과 단어를 말한다.

- 해당 학생의 이름과는 상관없이 단어만 같으면 동그라미를 칩니다.

⑤ 계속해서 빙고 부를 순서에 맞게 친구 이름과 단어를 말한다.

⑥ 정해진 줄 수의 빙고가 나오면 "빙고!"를 외친다.

❶ 활동 유의사항 및 TIP

1. 학생 수에 따라 빙고지를 선택합니다.
   ☞ 예 : 3×3, 4×4, 5×5 빙고지 중 선택
   ☞ 놀이자료 다운 : 〈네이버 밴드〉 '쏭쌤의 놀이로 푸는 초등학급경영'

2. 놀이 전 단어 만드는 연습을 모두 함께 진행하며 놀이 방법을 익힙니다.

3. 접촉 가능 상황이라면 칠판 앞에 나와 자기 자신을 소개하며 직접 이름
   을 써도 좋습니다. 또한, 자신이 말한 단어에 해당하는 학생과 하이파이
   브 하는 것도 좋습니다.

4. 해당하는 단어가 누구의 이름인지 맞힌 학생이 단어 부르기 다음 순서
   로 해도 좋습니다.

5. 이름을 활용한 놀이의 장점은 다음과 같습니다.
   - 학기 초 놀이를 통해 자연스럽게 친구의 얼굴과 이름 익히기
   - 첫 만남 딱딱한 분위기를 깰 수 있으며 즐거운 놀이와 함께하는 유대
     감 형성 놀이

6. 이름을 활용한 놀이로 모둠 형태로 할 수 있는 놀이는
   다음과 같습니다.
   ☞ 〈이름으로 낱말 만들기 놀이〉
   1) 모둠원 친구들의 이름으로 낱말을 만드는 모둠 형태의 놀이
   2) 한 글자 10점, 두 글자 20점, 세 글자 30점으로 다득점한 모둠이
      승리하는 놀이
   3) 모둠을 계속해서 새롭게 조직, 편하게 대화하며 놀이 참가

종이 한 장으로도
신나는 놀이

컷팅 몸으로 말해요

▶ 해당 영역 : 친교놀이
▶ 책상 형태 : 모둠대형
▶ 준비물 : 연필, 종이

활동영상 보러가기

#스피드퀴즈 #몸으로말해요 #종이한장

활동소개

준비 없이 언제든지 써먹을 수 있는 교실놀이입니다. 학생들은 직접 설명하고 정답을 해결하는 과정을 통해 스스로 학습의 즐거움을 느끼고 종이를 찢는 맛에 더욱 열심히 학습에 몰입합니다. 선생님의 준비와 개입 없이 쉽게 할 수 있는 놀이! 수업 장면에서 선생님의 역할을 컷팅하세요.

활동의 실제

1. 놀이 전 준비

① 학생 4명당 A4 용지 한 장을 나눠 준다.

② 모둠장이 가로로 길게 4등분하여 모둠원에게 나눠 준다.

③ 받은 종이를 3번 접어 8등분한다.

④ 몸으로 표현할 수 있는 단어를 한 칸에 한 단어씩 8개를 채운다.

상어	드론	나무	경찰	원숭이	거울	드라이기	요리사

<8단어를 채운 모습>

2. 놀이방법

① 모둠 내에서 가위바위보를 하여 선을 정한다.

② 선이 된 학생부터 본인이 가진 문제지의 양 끝 단어 중 한 개를 몸으로 설명한다.

상어	드론	나무	경찰	원숭이	거울	드라이기	요리사

<양 끝의 단어인 상어나 요리사를 몸으로 설명>

③ 나머지 학생들은 몸으로 설명하는 것을 보고 답을 알 것 같으면 "정답!"을 외친다.

④ 출제자인 학생은 먼저 "정답!"을 외친 학생을 지목한다.

⑤ 지목을 받은 학생이 정답을 말하면(예 : 상어), 출제자는 그 단어가 적힌 부분을 찢는다.

⑥ 그리고 정답을 맞힌 학생이 자신이 가진 문제지의 양 끝 단어 중 한 개를 몸으로 설명한다.

⑦ '③ ~ ⑥'의 과정을 계속 반복하며 모든 종이를 먼저 다 찢은 학생이 승리한다.

 활동 유의사항 및 TIP

찬스히어로

먼저 모든 단어를 다 찢은 학생은 찬스히어로로 계속 활동을 합니다.
다른 활동하는 학생들의 문제에 답을 맞혀 주면서 모두가 활동을 마칠 수 있도록 돕는 역할입니다. 만약 찬스히어로가 문제를 맞히면 다음 문제 출제권은 나머지 학생들 중 가장 종이가 긴 친구에게 돌아갑니다.
가장 종이가 긴 친구가 가장 문제를 덜 맞힌 친구이기 때문입니다.
이때 찬스히어로에게 팀조끼를 입히거나 스카프를 손에 들게 하기, 또는 목걸이를 걸어 주는 식으로 다른 학생들과 구분해 줍니다. 활동을 먼저 끝낸 학생들에 대한 자연스러운 보상이 되는 것입니다. 그리고 모두가 종이를 다 찢으며 문제를 출제하고 맞힐 수 있는 의미 있는 방식입니다.

힌트

몸으로 설명하는 방식이기 때문에 조금 어려울 수 있습니다.

3번 정도 시도했는데 아무도 못 맞힌다면 글자 수와 초성 힌트를 허용

하여 선생님이 개입하지 않아도 학생들끼리 무리 없이 활동을 잘 마칠

수 있게 합니다.

십자컷팅 스피드 퀴즈

▶해당 영역 : 수업놀이
▶책상 형태 : 모둠대형
▶준비물 : 연필, 종이

종이 한 장으로 쉽게 수업시간에 배운 내용을 놀이로 정리할 수 있다면? 별다른 준비 없이 필요할 때 바로 써먹을 수 있는 수업놀이의 매력을 느껴보세요. 재미는 물론이고 모두가 부담 없이 즐길 수 있는 좋은 활동입니다.

활동의 실제

1. 놀이 전 준비

①. 십자도안을 각자 1장씩 받는다.

    ☞ 이종대왕 블로그(blog.naver.com/ljh6969) 공지글 참조

② 선생님이 제시한 교과서 범위 내의 단어를 한 칸에 한 단어씩 모두 채운다.

			세계지도			
			지구본			
			위선			
화전농업	케밥	고산	**BINGO**	티베트고원	우랄산맥	아시아
			본초자오선			
			열대			
			한대			

2. 놀이방법

① 모둠 내에서 가위바위보를 하여 선을 정한다.

② 선이 된 학생부터 본인이 가진 문제지의 사방 끝에 있는 단어 중 한 개를 말로 설명한다.

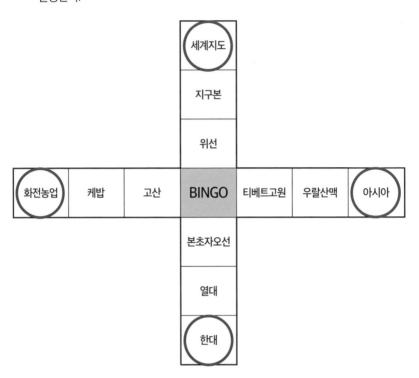

③ 나머지 학생들은 설명을 듣고 답을 알 것 같으면 "정답!"을 외친다.

④ 출제자인 학생은 먼저 "정답!"을 외친 학생을 지목한다.

⑤ 지목을 받은 학생이 정답을 말하면(예 : 아시아) 출제자는 그 단어가 적힌 부분을 찢는다.

⑥ 그리고 정답을 맞힌 학생은 본인이 가진 문제지의 사방 끝에 있는 단어 중 한 개를 말로 설명한다.

⑦ '③ ~ ⑥'의 과정을 계속 반복하며 모든 종이를 먼저 다 찢은 학생이 승리한다.

ⓘ 활동 유의사항 및 TIP ─────────────

함께 배우며 성장하는 수업

수업활동을 할 때 학습이 부진한 학생에 대한 걱정이 많습니다. '혼자 활동을 못해 상처받지 않을까?' '모른다고 포기하지 않을까?' 십자컷팅 스피드 퀴즈는 교과서의 같은 범위 내에서 한정된 단어를 가지고 활동하기 때문에 중복문제가 많이 나옵니다. 따라서 같은 단어를 여러 번 설명하는 것을 듣게 되고 답도 맞히게 됩니다. 이때 학습이 부진한 학생에게도 기회가 생깁니다. 잘 몰랐던 단어를 다른 학생이 설명하는 말을 듣고 따라 할 수 있게 되며, 잘 이해가 안 되던 단어도 또래의 언어를 통해 확실하게 이해하게 됩니다.

개인 골든벨

찢은 문제지 조각들을 책상에 올려놓고 개인 골든벨을 할 수 있습니다. 모두 한 장씩 들고 친구를 만나 가위바위보를 하고 진 친구가 이긴 친구에게 본인의 문제를 설명합니다. 이긴 친구가 문제를 맞히면 진 친구는 이긴 친구에게 그 문제지를 줘야 합니다. 문제지를 얻은 학생은 자신의 책상에 적립하고 또 다른 친구를 만나러 가며, 문제지를 뺏긴 학생은 다시 자신의 책상의 문제지를 가지고 다른 친구를 만나러 갑니다. 일정 시간이 지났을 때 가장 많은 문제지를 가진 학생이 승리하는 방식입니다.

컷팅 빙고

▶해당 영역 : 수업놀이
▶책상 형태 : 전체대형
▶준비물 : 연필, 종이

활동영상 보러가기

#빙고 #컷팅빙고 #초간단

활동소개

선생님들이 가장 많이 활용하는 수업놀이는 빙고입니다. 학습지에 적은 단어들이나 오늘 수업시간에 배운 단어들을 활용하여 간단하게 빙고판을 그리고 빙고를 할 수 있기 때문에 활용하기가 편리하고 학생들이 참 좋아합니다. 이런 장점들 때문에 쉽게 활용되는 빙고이지만 늘 식상한 3×3빙고, 4×4빙고만 하면 학생들도 금방 질리기 마련입니다. '컷팅 빙고'는 기본 빙고 방식을 살짝 바꿔 학생들이 더욱 흥미롭게 빙고를 할 수 있도록 변형하였습니다. 게다가 연필로 동그라미를 치는 것이 아니라 나온 답을 찢는 방식이기 때문에 학생들이 참 좋아합니다.

활동의 실제

1. 놀이 전 준비

① 4명당 A4 용지 한 장을 나눠 준다.

② 모둠장이 가로로 길게 4등분하여 한 장씩 모둠원에게 나눠 준다.

③ 받은 종이를 세로로 3번 접어 8등분한다.

④ 주제에 해당하는 단어를 한 칸에 한 개씩 8개를 채운다.

한국	중국	일본	러시아	태국	베트남	대만	홍콩

2. 놀이방법

① 뽑기 프로그램으로 뽑힌 첫 번째 학생이 답을 부른다.

② 일자 빙고는 양 끝의 두 개의 답만 불러야 된다.

한국	중국	일본	러시아	태국	베트남	대만	홍콩

③ 만약 한국을 불렀다면 한국이 양 끝에 있는 학생들만 한국을 손으로 찢는다.

④ 아래 그림과 같이 한국이 가운데 있는 경우에는 답이 불려도 찢을 수 없다.

중국	일본	한국	러시아	대만	홍콩	베트남	태국

⑤ 계속해서 뽑기 프로그램으로 학생들을 뽑고 답을 부르게 하여 종이를 찢어 나간다.

⑥ 이미 누군가 불렀던 답도 다시 중복해서 부를 수 있다. 양 끝에 있어야만 찢을 수 있기 때문에 중간에 있어 찢지 못한 학생도 있기 때문이다.

⑦ 마지막 종이까지 답이 나와 찢은 학생은 "빙고"를 외친다.

ⓘ 활동 유의사항 및 TIP

빙고의 목적이 이름 외우기나 핵심단어 말하기라면

일반적인 3×3빙고는 한 번 말한 단어는 다시 나오지 않습니다. 하지만 컷팅 빙고는 한 번 나왔던 단어도 계속해서 나오기 때문에 빙고의 목적이 이름 외우기나 핵심단어 말하기라면 일반적인 3×3빙고보다 컷팅 빙고 형식이 더 적절합니다.

창의 빙고

일자 빙고, 십자 빙고 이외에 학생들이 직접 다양한 모양을 만들어 빙고를 할 수 있습니다. 칸은 12칸으로 지정해서 일자 모양이나 십자 모양, ㄴ모양이나 ㄷ모양 등 각자 원하는 형태로 그리고 빙고를 진행합니다. 어떤 모양으로 만드는 것이 가장 유리할까요? 학생들의 창의력을 극대화하며 좀 더 재미있고 신나는 빙고 놀이를 할 수 있습니다.

퀴즈 빙고

▶해당 영역 : **수업놀이**
▶책상 형태 : **전체대형**
▶준비물 : **연필, 종이**

#퀴즈야_빙고야? #수업놀이 #초간단

🗨 활동소개

'퀴즈 빙고'는 스피드 퀴즈와 빙고가 결합된 방식입니다. 스피드 퀴즈의 맞히는 즐거움과 빙고의 행운이 결합된 신박한 수업놀이입니다. 역시 종이 한 장만 있으면 언제든지 할 수 있기 때문에 선생님의 수업시간을 바꿀 수 있는 또 하나의 아이템으로 활용하면 좋습니다.

🗨 활동의 실제

1. 놀이 전 준비

① 각자 A4용지를 4등분한 종이를 받는다.

② 받은 종이를 세로로 3번 접어 8등분한다.

③ 주제에 해당하는 단어를 한 칸에 한 개씩 8개를 채운다.

고조선	8조법	주먹도끼	민무늬 토기	단군왕검	고인돌	간석기	뗀석기

2. 놀이방법

① 뽑기 프로그램으로 뽑힌 첫 번째 학생이 양 끝의 단어 중 한 개를 말로 설명한다.

고조선	8조법	주먹도끼	민무늬 토기	단군왕검	고인돌	간석기	뗀석기

② 만약 "우리 나라 최초의 국가는?"이라고 질문하면 답을 아는 학생들은 조용히 손을 든다.

③ 출제자는 가장 먼저 손을 든 학생을 지목하고, 지목된 학생은 답을 말한다.

④ 만약 정답이라면 출제자와 앉아 있는 학생들 중 고조선이 양 끝에 있는 학생 모두

단어를 찢는다.

⑤ 그리고 문제를 맞혔던 학생이 다음 문제를 출제할 수 있는 기회를 얻게 된다.

⑥ '②~⑤'의 과정을 반복한다.

⑦ 마지막 종이까지 답이 나와 찢은 학생은 "빙고"를 외친다.

 활동 유의사항 및 TIP

손은 아무나

자신의 문제지 양 끝에 정답인 단어가 없어도 손을 들어 정답을 말할 수 있습니다. 대신 답을 맞힌 학생은 다음 문제를 출제할 수 있는 기회를 얻게 되며, 나머지 앉아 있는 학생들은 양 끝에 그 단어가 있으면 찢을 수 있습니다.

몸풀기에
딱! 좋은 신박한 준비 놀이

상하체 합체 놀이

▶ 해당 영역 : 신체놀이
▶ 준비물 : 없음

활동영상 보러가기

#상체+합체 #술래_따라놀이 #거울놀이

활동소개

준비물 없이 언제 어디서든 가능한 재미있는 신체놀이를 소개합니다. 상체 술래와 하체술래가 앞으로 나와 상체술래는 상체만 움직이고, 하체술래는 하체만 움직이며, 나머지 학생은 두 술래의 동작을 합쳐서 전신을 움직이는 놀이입니다. 평소 움직이는 모습이 아닌 새로운 움직임이 자연스럽게 나오면서 활동하는 학생도 보는 학생도 웃게 되는 놀이입니다. 짧게는 1분부터, 길게는 5분이나 10분까지도 활용할 수 있는 놀이입니다.

활동의 실제

1. 놀이 전 준비

① 칠판 앞에 두 명의 술래가 선다.

② 서로 가위바위보를 해서 상체와 하체 중에 술래를 선택한다.

　- 상체술래 : 하체는 차렷 상태로 상체만 움직임

　- 하체술래 : 상체는 팔짱을 낀 상태로 하체만 움직임

2. 놀이방법

① 술래가 아닌 학생은 상체술래와 하체술래의 움직임을 합쳐서 최대한 똑같이 따라 한다.

　- 자신의 자리에서만 활동을 한다.

② 30초에서 1분 정도의 시간 동안 활동을 한다.

　- 술래는 너무 빠르게 동작을 바꾸기보다는 5초 정도씩 같은 동작을 하다가 다른 동작으로 바꾸는 것이 좋다.

　- 처음부터 격렬한 동작보다는 처음에는 천천히 쉬운 동작부터 시작해서 점점 강도를 올리는 것이 좋다.

③ 술래 역할을 바꿔 가면서 놀이를 진행한다.

1. 놀이는 교실뿐만 아니라 체육관, 운동장 등 어디서든 가능합니다.
2. 장소가 넓다면 원 형태로 만든 후 술래가 원 안에 들어가서 하면 좋습니다.
3. 용품 없이 언제든 가능한 간단한 놀이로 준비운동, 틈새놀이로 활동하기 좋습니다.

손이 발이 되어 놀이

▶ 해당 영역 : 신체놀이
▶ 준비물 : 없음

활동영상 보러가기

#팔_운동 #다리_운동 #서로_즐겁게

준비물 없이 언제 어디서든 가능한 간단한 놀이입니다. 술래가 양팔로 친구의 다리를 움직이는 놀이로 술래의 팔 움직임을 보고 다리를 움직여야 합니다. 1대 다수 또는 1대 1로 가능한 놀이로 술래는 팔 운동을, 술래를 따라 하는 친구는 다리 운동을 즐겁게 할 수 있는 활동입니다. 뛰기, 걷기, 다리 찢기, 색다른 스텝 등 다양한 다리 움직임이 나올 수 있는 놀이입니다.

🗨 활동의 실제

1. 놀이 전 준비

① 술래 1명은 칠판 앞에 선다.

② 나머지 학생은 의자를 넣은 채 의자 뒤에 서서 움직일 공간을 확보한다.

2. 놀이방법

① 술래는 상체를 굽힌 상태로 양손을 쭉 뻗은 채로 팔을 움직인다.

  - 나머지 학생이 발로 따라 움직일 수 있도록 생각하며 움직인다.

② 나머지 학생은 술래 팔의 움직임을 다리로 최대한 비슷하게 표현한다.

③ 술래 팔의 움직임을 보고 다리로 따라 하는 놀이로 약 30초~1분 정도 활동한다.

  - 걷기, 뛰기, 다리 찢기, 색다른 스텝 등 다양한 동작이 나올 수 있다.

④ 술래를 바꾸며 활동을 이어 간다.

⑤ 모두가 놀이 방법을 이해했다면 2명씩 짝이 되어 서로 마주 본다.

  - 3명 또는 4명이 짝이 되어 활동할 수도 있으며, 술래의 역할은 1명이 맡는다.

⑥ 가위바위보를 통해 술래와 따라 하는 학생 역할을 정한다.

⑦ 30초~1분 정도 활동을 한다.

⑧ 가위바위보로 술래와 따라 하는 학생 역할을 정하며 활동을 이어 간다.

ⓘ 활동 유의사항 및 TIP

1. 용품 없이 어디서든 할 수 있는 놀이로 체육시간 준비운동으로 좋습니다.

2. 교실에서 진행할 시 자기 자리에서 움직이지 않고 활동할 수 있도록 합니다.

가위바위보만으로도
신나는 놀이

가위바위보 5종 세트

▶해당 영역 : **친교놀이**
▶책상 형태 : **전체대형**
▶준비물 : **없음**

#가위바위보 #진행요령 #순발력 　　　　▽ 　🔍

활동소개

수많은 가위바위보 놀이 중 현장에서 반응이 좋은 5가지 가위바위보를 엄선해서 소개합니다. 또한 학생들이 가위바위보 하나만으로도 놀이에 몰입할 수밖에 없는 진행 요령도 함께 알려드립니다.

학생은 물론 어른이 해도 즐거울 수밖에 없는 가위바위보 5종 세트! 교실뿐 아니라 집에서 가족과 함께 즐거운 시간을 보낼 수 있습니다.

활동의 실제

놀이 ❶ 만세 가위바위보

1. 놀이방법

① 두 명이 가위바위보를 하여 이긴 사람은 "이겼다!",

진 사람은 "졌다!", 비겼을 땐 "비겼다!"를 만세 동작을 하며 말한다.

② A와 B학생이 가위바위보를 하여 A학생이 이겼다면 A학생은 "이겼다!"를 외치며 만세를 해야 하고, B학생은 "졌다!"를 외치며 만세를 해야 한다.

③ 둘 중 정확하게 승패를 말하면서 먼저 만세를 한 학생이 승리한다.

2. 진행방식

① 두 명씩 짝을 지어 먼저 3승을 한 학생이 나올 때까지 대결한다.

② 세 명씩 짝을 지어 먼저 3승을 한 학생이 나올 때까지 대결한다.

③ 어느 정도 적응하면 반대로 말하기로 바꾼다.

　- 이긴 학생은 "졌다!", 진 학생은 "이겼다!", 비겼을 땐 "박수치기!"로 변경

④ 반대로 말하기 형식으로 두 명씩, 세 명씩 대결한다.

1. 놀이방법

① 두 명씩 짝을 지은 상태에서 한 학생이 먼저 가위바위보 중 하나를 낸다.

② 상대 학생은 앞의 학생이 낸 걸 보고 자신이 지도록 가위바위보 중 한 개를

　다음 박자에 낸다.

　　- 첫 번째 학생은 3박자에, 두 번째 학생은 4박자에 낸다.

　　- 구호는 "가위바위보! 보" 형식으로 한다.

　　- 첫 번째 학생이 가위를 냈다면 두 번째 학생은 보를 내서 져야 이기는 방식이다.

2. 진행방식

① 두 명씩 짝을 지어 먼저 3승을 한 학생이 나올 때까지 대결한다.

② 선생님과 대결하기로 한다. 선생님이 먼저 내면 학생들은 선생님에게 지는 가위
바위보를 낸다. 예를 들어 선생님이 바위를 내면 학생들은 가위를 내야 한다.

③ 세 명씩 짝을 지어 한 명이 먼저 내고 나머지 두 명이 지는 가위바위보를 내는 식
으로 한다. 이때 먼저 정확하게 낸 학생이 다음 먼저 내는 역할을 하고 나머지 두
명이 대결하는 식으로 로테이션한다.

놀이 ❸ 덧셈 가위바위보

1. 놀이방법

① 가위바위보에 숫자를 부여한다.

- 가위는 1, 바위는 2, 보는 3

② 두 명씩 가위바위보를 하여 둘이 낸 가위바위보의 합을 먼저 말하면 이긴다.

- 만약 가위와 바위가 나왔다면 가위는 1이고 바위는 2이므로 그 합인 3을 먼저
말한 학생이 이긴다.

2. 진행방식

① 두 명씩 짝을 지어 먼저 3승을 한 학생이 나올 때까지 대결한다.

② 선생님과 대결하기로 한다. 이때 선생님이 구령으로 "가위바위(숫자)"를 말하면
나머지 학생들이 그 합에 맞는 가위바위보를 낸다.

- 만약 선생님이 "가위바위(4)"라고 말하며 가위(1)를 냈다면 나머지 학생들은
보(3)를 내면 합이 4가 된다.

- 만약 선생님이 "가위바위(6)"이라고 말하며 보(3)를 냈다면 나머지 학생들은
보(3)를 내면 합이 6이 된다.

③ 세 명씩 짝을 지어 한 명이 선생님 역할을 하고 나머지 두 명이 대결을 한다. 이때

먼저 정확하게 낸 학생이 다음 선생님 역할을 하고 나머지 두 명이 대결하는 식으로 로테이션한다.

④ 세 명씩 짝을 지어 덧셈 가위바위보를 한다.

   - 만약 한 명은 가위, 두 명은 바위를 냈다면 그 합인 5를 먼저 말한 학생이 승리한다.

⑤ 곱셈 가위바위보로 응용할 수 있다. 이때 1이 있으면 너무 쉬우므로 1을 제외한 숫자들을 가위바위보에 부여한다.

놀이 ❹   올챙이 쎄쎄쎄

1. 놀이방법

① 첫 박에 내 손바닥 치기, 두 박에 친구 손바닥 치기,

   세 박에 가위바위보를 한다.

② 다시 첫 박에 내 손바닥, 두 번째에 친구 손바닥을 친 뒤 세 박에는

   아래와 같이 가위바위보 결과에 따라 행동한다.

   - 가위바위보에서 이긴 학생은 손을 앞으로 휘두른다.

   - 가위바위보에서 진 학생은 살짝 앉았다가 일어난다.

   - 비겼을 경우는 제자리에서 한 바퀴 회전한다.

③ '올챙이와 쎄쎄쎄' 노래에 맞춰 '①~②'를 반복한다.

2. 진행방식

① 두 명씩 짝을 지어 천천히 연습한다.

② '올챙이와 쎄쎄쎄'를 0.75배속으로 틀고 해 본다.

③ '올챙이와 쎄쎄쎄'를 1배속으로 틀고 해 본다.

④ 세 명씩 짝을 지어 해 본다.

   - 세 명이서 할 때도 승패에 따라 똑같이 행동하면 된다.

⑤ 네 명씩 짝을 지어 해 본다.

제자리 레벨업 가위바위보

1. 놀이방법

① 알, 병아리, 닭, 왕의 동작과 구호를 함께 정한다.

- 알은 양손을 삼각형 모양으로 위로 뻗으며 "알! 알!" 외치기

- 병아리는 날갯짓을 하며 "삐약삐약!"

- 닭은 한 손을 꼬리, 한 손은 닭벼슬 흉내를 내며 "꼬꼬댁!"

- 왕은 칠판 앞에 서서 "에헴!"

② 시작하면 모두 제자리에 앉아 알이 되며 주변의 알과 가위바위보를 한다.

③ 이긴 학생들은 병아리로 변신하며 주변의 알이나 병아리 학생과 가위바위보를 한다.

④ 병아리에서 이긴 학생은 의자 위로 올라가 닭으로 변신하며 같은 의자 위에 올라간 닭이랑만 대결한다.

⑤ 닭에서 이긴 학생은 칠판 앞에 서서 왕이 된다.

⑥ 왕이 3명이 되면 그 이후로 닭에서 이긴 학생은 기존의 왕과 대결하며, 이기면 왕의 자리를 빼앗는다.

⑦ 왕의 자리를 빼앗긴 학생을 포함하여 어떠한 단계에서도 진 학생은 무조건 알이 되며 다시 알부터 도전해야 한다.

2. 진행방식

① 알 → 병아리 → 닭 → 왕 이외에도 다양하게 응용할 수 있다.

<배추흰나비의 한살이에 응용>

	구호	동작
알	알! 알! 알!	양손을 머리 위로 알처럼 올렸다 내리기
애벌레	꼬물꼬물!	손으로 요리조리 애벌레처럼 하기
번데기	뻔! 뻔! 뻔	한 손을 번쩍 들고 점프하기
배추흰나비	훨~훨~	날갯짓하기
배추도사	교실 앞의 의자에 앉기	두 손을 모은 도사 포즈

<산업 발달에 응용>

	구호	동작
농업, 어업, 임업	영차~영차~	농부 모내기나 어부 낚시 나무꾼 도끼 동작
경공업	다다다다다다	오른손 검지를 왼손 바닥에 미싱처럼 찌르기
중공업	붕~붕~	자동차 운전
첨단산업	로봇 소리	로봇 흉내
서비스업	공손하게 목례하며 "어서 오십시오 손님!"	교실 앞의 의자에 앉기

<나의 성장과 발달에 응용>

	구호	동작
영아기	응애응애	아기 흉내
유아기	저요~저요~	(발표하듯이) 손들고 있기
청년기	요 맨 와썹~	망치춤 추기
성인	안녕하십니까!	(사회생활) 만나면 깍듯이 인사
노년기	도전자가 오면 할아버지 목소리로 "이놈들~~~~!"	교실 앞의 의자에 앉기

② 왕이 된 학생들은 도전자를 거부할 수 없으며, 거부할 시 무조건 알로 강등된다고 분명히 이야기한다.

탈락 없이 더 재미있게
즐기는 국민 놀이

탈락 없는 눈치 놀이

활동영상 보러가기

▶ 해당 영역 : 신체놀이
▶ 준비물 : 색연필(12색 이상), 종(재량)

#눈치놀이 #바로_가능 #계속_참여

🗨 활동소개

대부분 학생이 이미 알고 있는 눈치 놀이를 더욱 재미있게 만들어 봤습니다. 선생님의 종소리(재량)와 함께 놀이를 시작합니다. 기존 놀이가 중간에 탈락된 학생을 제외하고 활동을 했다면, 이 놀이는 탈락자 없이 계속해서 모든 학생이 참여할 수 있습니다. 놀이 중간 탈락이 되었다면 가지고 있는 색연필(몫)을 하나 빼고 다시 참여할 수 있어 모든 학생이 계속해서 놀이를 즐길 수 있습니다.

🗨 활동의 실제

1. 놀이 전 준비

① 색연필 12개를 케이스에서 빼서 책상에 놓는다.

- 12색 이상의 색연필(24색, 36색)을 가지고 있다면 그중 12개만 색연필을 빼서 준비한다.

② 책상에 빼 놓은 색연필은 몫의 개념으로 활동 중 탈락이 되면 양심껏 색연필 1개를 케이스에 넣으며 계속해서 활동에 참여한다.

- 색연필 1개가 마치 오락실의 동전 1개라고 비유한다면 학생들이 쉽게 이해할 수 있다.

2. 놀이방법

① 선생님의 종소리와 함께 눈치 놀이를 시작한다.

- 학급에 종이 없다면 선생님이 "시작!"이라고 외쳐도 된다.

② 처음 일어날 학생은 "1"이라고 부르며 일어난다.

③ 다음의 경우 탈락이 되어 색연필 1개(몫)를 케이스에 넣어야 한다.

- 같은 숫자를 부르며 일어난 경우

  예) 두 명이 동시에 일어나며 "2"라고 부른 경우

- 틀린 숫자를 부른 경우

  예) 숫자 "3"을 불러야 할 차례인데 "4"를 부른 경우

- 마지막까지 일어나지 못한 경우

④ 중간에 탈락된 경우에 색연필 1개를 케이스에 넣고 계속해서 놀이에 참여한다.

- 자기 스스로 양심껏 색연필 1개를 케이스에 넣을 수 있도록 안내한다.

⑤ 전체 인원 -1의 숫자까지 일어나며 순서에 맞는 숫자를 부른다.

⑥ 몇 차례의 라운드를 진행한 후 색연필의 개수가 가장 많은 학생이 우승한다.

ⓘ 활동 유의사항 및 TIP

1. 기존 눈치 놀이의 한계는 다음과 같으며, 이 놀이는 그 한계를 극복하기 위해 노력하는 것입니다.

   1) 중간에 탈락자가 생기면 놀이가 중단되고 다시 시작해야 합니다.

   2) 인원이 많은 경우 쑥스러움이 많은 학생은 끝까지 버티면 탈락하지 않습니다.

   3) 탈락자는 놀이에서 제외가 됩니다.

   4) 놀이의 승패 구조가 불분명합니다.

2. 추가할 수 있는 놀이로 '369 눈치 놀이'가 있습니다.

   1) 탈락 없는 눈치 놀이와 모든 놀이 방법이 같습니다.

   2) 다만, 다음의 놀이 규칙이 추가됩니다.

     - 3, 6, 9가 들어간 숫자에는 박수를 치며 일어나야 합니다.

     - 박수를 치지 않고 일어나면 아웃이 되어 색연필을 넣어야 합니다.

3. 추가할 수 있는 놀이로 '눈치 끝말잇기 놀이'도 있습니다.

　1) 탈락 없는 눈치 놀이와 모든 놀이 방법이 같습니다.

　2) 다만, 다음의 놀이 규칙이 추가됩니다.

　　- 선생님이 처음 단어를 말합니다.

　　- 끝말잇기로 단어를 말하며 일어나야 합니다.

　　- 똑같이 일어나거나 단어가 틀리면 아웃이 되어 색연필을 넣어야

　　　합니다.

　　- 단어를 말할 때는 목소리를 크게 하도록 하며 발음 및 경청 연습

　　　이 되도록 지도합니다.

탈락 없는 가라사대 놀이

▶해당 영역 : 신체놀이
▶준비물 : 색연필(12색 이상)

활동영상 보러가기

#말_놀이 #집중 #탈락없이_함께

'가라사대 놀이'는 준비물 없이 언제든 선생님 말씀에 집중을 시킬 수 있는 매력적인 놀이입니다. 기존 가라사대 놀이에는 장점이 많지만 중간에 탈락자가 생겨 활동에서 배제되는 학생이 있다는 단점이 있습니다.

이를 극복하기 위해 색연필(몫)을 놀이에 추가하여 모두가 계속 참여할 수 있는 더욱 즐거운 가라사대 놀이가 되었습니다.

🗨 활동의 실제

1. 놀이 전 준비

① 색연필 12개를 케이스에서 빼서 책상에 놓는다.

　- 12색 이상의 색연필(24색, 36색)을 가지고 있다면 그중 12개만 빼서 준비한다.

② 책상에 빼 놓은 색연필은 몫의 개념으로 활동 중 탈락이 되면 양심껏 색연필 1개를 케이스에 넣으며 계속해서 활동에 참여한다.

　- 색연필 1개가 마치 오락실의 동전 1개라고 비유한다면 학생들이 쉽게 이해할 수 있다.

③ 가라사대 놀이에 대한 설명을 한다.

　- 놀이의 시작은 "가라사대 놀이 시작"이고, 놀이의 끝은 "가라사대 놀이 끝"이라는 말이 있어야 놀이가 끝난다.

　- 선생님의 말씀 중에 "가라사대"라는 말을 하고 나서 말한 것만 행동을 하며, "가라사대"라는 말을 하지 않고 말한 것은 행동하지 않는다.

2. 놀이방법

① 선생님이 "가라사대"라는 말을 붙여 말할 때만 행동을 한다.

② 다음의 경우에는 아웃이 되어 색연필 1개를 케이스에 넣는다.

　- "가라사대"라는 말을 했는데 행동하지 않을 때

- "가라사대"라는 말을 안 했는데 행동을 바꿀 때

③ 아웃이 된 경우 색연필 1개를 케이스에 넣고 바로 놀이에 계속해서 참여한다.

④ "가라사대 놀이 끝"이라는 말이 나올 때까지 놀이는 계속된다.

⑤ 놀이가 끝나고 색연필을 가장 많이 가지고 있는 학생이 우승한다.

ⓘ 활동 유의사항 및 TIP

1. 놀이는 교실뿐만 아니라 체육관, 운동장 등 어디든 가능합니다.

2. 수업시간 중 활용이 가능합니다.

 - "가라사대 선생님을 봅니다.", "가라사대 바르게 앉습니다."

3. 용품 없이 언제든 가능한 놀이로 멘트를 몇 개 연습해서 활용하면 보다 수월하게 놀이 진행이 가능합니다.

4. 기존 가라사대 놀이의 한계는 다음과 같으며, 이 놀이는 이러한 한계를 극복하기 위해 노력한 것입니다.

 1) 중간에 탈락자가 생기면 놀이에서 제외가 됩니다.

  - 색연필은 목숨의 개념으로 탈락이 되어도 계속 참여가 가능합니다.

 2) 선생님의 놀이 진행 능력이 많이 필요합니다.

  - 아래에 제공되는 가라사대 놀이 대본을 이용하여 놀이를 쉽게 진행할 수 있습니다.

■ 가라사대 놀이 대본

가라사대 놀이를 시작하겠습니다. 가라사대라는 말이 있을 때만 행동하며 가라사대라는 말이 붙지 않으면 그 행동을 하면 안 됩니다. 만약, 가라사대라는 말이 안 붙었는데 행동을 한다면 책상 위에 있는 색연필 1개를 케이스에 넣어야 합니다. 놀이는 "가라사대 놀이 시작"이란 말로 시작하며, "가라사대 놀이 끝"이란 말로 활동이 끝납니다. 이 말이 없다면 놀이가 끝난 것이 아닙니다.

"가라사대 놀이 시작"

가라사대 차렷. 열중쉬어. 지금 움직인 학생은 색연필을 하나 케이스에 넣기 바랍니다.

가라사대 열중쉬어. 자, 색연필을 잡아 볼게요. 지금 움직인 학생은 색연필을 하나 케이스에 넣기 바랍니다. 가라사대라는 말이 붙이 않을 때 행동한 학생은 양심껏 색연필 하나를 케이스에 넣기 바랍니다.

가라사대 색연필 잡아. 한 번 돌려 볼게요. 돌려(탈락자 지적). 가라사대 색연필 돌려. 멈춰(탈락자 지적).

가라사대 멈춰. 팔 아프니 색연필을 내려놓겠습니다(탈락자 지적). 가라사대 색연필 내려 놔.

모두 일어나겠습니다. 일어서(탈락자 지적). 가라사대 일어서. 양손 들어(탈락자 지적). 가라사대 양손 들어. 반짝반짝(탈락자 지적). 가라사대 반짝반짝. 멈춰(탈락자 지적). 가라사대 멈춰. 앉겠습니다. 자리에 앉아(탈락자 지적). 가라사대 앉아.

자~ 간단하게 놀이를 해 보았는데요. 재미있었던 사람 손?(탈락자 지적) 가라사대 색연필 개수를 세보세요. 누가 우승을 했는지 봅시다. 색연필 개수가 많은 사람 손(탈락자 지적). 가라사대 색연필 10개 손. 잘했습니다. 박수(탈락자 지적).

"가라사대 놀이 종료"

5. 가라사대 놀이 진행을 잘하는 방법은 다음과 같습니다.

1) 놀이 시작과 끝 방법을 사전에 알려 주며 이를 놀이에 활용합니다.

☞ "가라사대 놀이 끝"이라는 말에 실제 놀이가 끝납니다. 놀이 끝이라는 말을 하지 않은 채로 마치 놀이가 끝난 것과 같이 말을 한다면 학생들이 헷갈려 더욱 재미있게 놀이가 가능합니다.

☞ (끝내는 것처럼 하며) "지금까지 한 번도 안 틀렸다? 손!"

2) 움직이도록 하다가 순간 멈춰! 말하기를 한다면 깜짝 놀라며 순간적으로 움직임을 멈출 수 있습니다.

☞ 가라사대 "흔들어" (하다가) "멈춰!"

3) 놀이 중간중간 놀이와 관련 없는 말들을 한다면 학생들이 헷갈려 더욱 재미있는 놀이가 가능합니다.

☞ (놀이 중간) "잘했습니다! 박수!", (놀이 중간) "힘드니깐 그만 합시다! 그만!"

팀 전략 인간제로 놀이

▶해당 영역 : 신체놀이
▶준비물 : 점수판(재량)

활동영상 보러가기

#인간제로 #순간_판단 #팀놀이

활동소개

손가락으로 하는 제로 놀이를 몸 전체를 활용한 인간제로 놀이로 변형하였습니다. 자신의 자리에서 앉아 있을지 서 있을지를 판단하여 움직이고, 선 사람의 숫자와 부른 숫자가 같을 경우 득점하는 놀이입니다. 선생님 대 모둠, 모둠 대 모둠 등 다양한 방법으로 놀이를 즐길 수 있으며, 팀이 협력하여 전략을 짜며 활동할 수도 있습니다.

활동의 실제

1. 놀이 전 준비

① 3~6명을 한 팀으로 정한다.

- 팀별로 자기 팀의 점수를 세는 역할을 1명씩 맡게 한다.

2. 놀이방법

① 선생님이 종을 치면 모든 학생이 "하나~ 둘~ 셋!"을 외친다.

② 선생님은 한 팀씩 돌아가며 숫자를 부른다.

- 만약 팀별 인원이 4명이면, '0~4' 중에서 하나를 부른다.

③ 선생님이 부르는 수만큼의 팀원이 일어나면 1득점을 한다. 선생님이 부른 숫자별로 다음과 같이 일어나야 득점이 된다.

☞ 0 : 아무도 일어나지 않으면 1득점한다.

☞ 1 : 1명이 일어나면 1득점한다.

☞ 2 : 2명이 일어나면 1득점한다.

☞ 3 : 3명이 일어나면 1득점한다.

④ 몇 라운드를 계속해서 놀이를 진행하며 중간 점수를 정리한다.

⑤ 숫자를 부른 역할을 선생님이 맡지 않고 각 팀별 1명이 맡아 숫자를 부른다.

- 만약 A팀이 숫자 부르는 역할을 맡았다면 팀원이 "하나~ 둘~ 셋!"을 외치며

팀원 중 한 명이 숫자를 부른다.

⑥ 나머지 B, C, D팀원이 모두 일어서거나 앉으며 A팀이 부른 숫자와 같은 팀은 1득점을 한다.

⑦ 팀별로 한 번씩 돌아가며 위와 같은 방법으로 인간제로 놀이를 한다.

⑧ 몇 라운드를 계속해서 놀이를 진행하며 중간 점수를 정리한다.

⑨ 이번에는 각 팀별로 순서대로 어떤 숫자를 부를지 협의해서 숫자를 부른다.

 - 만약 팀별 인원이 4명이면 첫 번째는 1, 두 번째는 2, 세 번째는 0, 네 번째는 3, 다섯 번째는 4와 같은 식으로 '0'에서부터 '4'까지 겹치지 않게 한 번씩 부르는 것으로 협의를 한다.

⑩ A팀부터 연속해서 순서에 맞게 협의한 숫자를 부른다.

⑪ 상대팀들은 A팀이 부른 숫자가 몇 번인지를 기억하고 해당 숫자를 제외한 나머지 숫자 중에 어떤 숫자에 누가 일어날지 협의하며 놀이를 진행한다.

⑫ 이런 방법으로 A, B, C, D팀이 돌아가며 "하나~ 둘~ 셋!"을 외치고 숫자를 부르며 활동을 이어 간다.

⑬ 몇 라운드에 걸쳐 계속해서 놀이를 진행하며 점수를 정리해서 다득점한 팀이 승리한다.

ⓘ 활동 유의사항 및 TIP

1. 점수판 대신 칠판에 자석을 붙이거나 바를 정(正) 자를 써서 활동할 수 있습니다.

2. "하나, 둘, 셋"라고 부른 직후 바로 일어날 수 있도록 합니다.

- 고의적으로 숫자에 맞게 천천히 일어난 경우는 반칙입니다.

3. 같은 수에 득점하는 것이 아닌 다른 숫자에 득점하는 방식으로 하면 득점이 더 많이 나서 재미있게 활동할 수 있습니다.

탈락, 감점 없어
더 좋은 놀이

오르락내리락 골든벨

활동영상 보러가기

▶ 해당 영역 : **수업놀이**
▶ 준비물 : **없음**

#탈락_없는 #감점_없는 #제자리놀이

활동소개

학생들과 놀이를 할 때 지나친 승부욕으로 분란이 생겼거나 학생들이 큰 불만을 표출하여 난감했던 경험은 누구나 한 번 이상은 겪는 일입니다.

그때마다 선생님의 진행 능력을 자책하거나 학생들 탓을 하기 마련이지만, 때로는 선생님과 학생 탓이 아닌 활동 자체에 문제가 없었는지도 짚어 볼 필요가 있습니다. 탈락이나 감점이 있는 놀이에서는 특히 그렇습니다.

활동의 실제

1. 놀이 전 준비

① 책상은 이동하여 붙이지 않고 모둠만 정해 준다.

② 각 모둠 이름을 칠판에 적어 둔다.

2. 놀이방법

<기본규칙>

① 모두 의자에 앉아 있는 상태에서 시작한다.

② 문제를 맞히면 이긴 학생은 제자리에서 일어선다.

③ 또 문제를 맞히면 책상에 살짝 걸터앉는다.

④ 또 문제를 맞히면 만세를 부르며 1점을 획득한다. (선생님이 해당 모둠에 동그라미 한 개 표시)

⑤ 또 문제를 맞히면 다시 제자리에서 일어선다.

⑥ 또 문제를 맞히면 의자에 앉는다.

⑦ 또 문제를 맞히면 만세를 부르며 1점을 획득한다.

⑧ 즉, 제자리 서기 → 책상에 걸터앉기 → 만세 부르기(+1점) → 제자리 서기 → 의자에 앉기 → 만세 부르기(+1점) → 제자리 서기…… 를 반복한다.

⑨ 틀릴 경우에는 감점 없이 그대로 다음 문제를 풀면 된다.

\<교실놀이\>

교실놀이로 활용할 경우 선생님과 가위바위보를 하여 이기거나 비긴 학생들이 한 단계 올라가게 하는 형식으로 활용한다. 또한 텔레파시 가위바위보를 활용하여 선생님과 같은 것을 낸 학생들이 한 단계 올라가게 할 수 있다. 이외에도 참참참 대결을 하여 선생님과 다른 방향으로 고개를 돌린 학생들이 한 단계 올라가게 할 수도 있다.

\<수업놀이\>

수업시간에 배운 내용을 바탕으로 선생님이 교과서에서 문제를 ○X 형태로 출제하고 맞힌 학생들은 한 단계 올라간다. 주로 국어시간에 지문을 한 개 읽은 뒤 바로 활동하면 좋다. 특히 답이 X일 경우 원래 정답을 맞힐 경우 그 학생 혼자만 한 단계 더 올라가게 할 수 있으며, 이때 학생들의 참여도를 극대화시킬 수 있다.

예를 들어 "고조선의 8조법 중 현재 4개의 조항만 전해지고 있다."라고 ○X 문제를 내고 정답을 확인한 뒤 "그럼 몇 개의 조항만 전해지고 있을까요?"로 문제를 내어 손을 들게 하고 맞힌 학생만 보너스로 한 단계 올라가게 할 수 있다. 그리고 "현재 전해지는 3개의 조항 중 한 개를 말해보세요!"라는 문제를 내어 역시 맞힌 학생만 보너스로 한 단계 올라가게 할 수도 있다.

\<자기소개활동\>

선생님에 대한 ○X 문제를 출제하며 오르락내리락 골든벨 활동을 한다. 그 뒤 선생님처럼 문제를 내고 싶은 학생들이 한 명씩 나와 ○X 문제를 출제하며, 이때 문제를 출제한 학생은 무조건 한 단계 올라가게 한다. ○X 문제뿐 아니라 이심전심 퀴즈로 할 수 있다. 예를 들어 "후라이드치킨 vs 양념치킨 하나~둘~셋!"이라고 외치면 학생들은 둘 중 한 개를 선택하고 선생님이 답을 말해 주면 된다.

학생들의 특기도 자연스럽게 이끌어 낼 수 있다. "선생님은 휴지를 던져 박수를 5번 치고 다시 잡을 수 있을까요?"와 같은 문제를 내고 먼저 ○나 X를 선택하게 한 뒤 실제로 할 수 있는지 보여 준다. 그 후 학생 중 한 명을 뽑아 윗몸일으키기나 팔굽혀펴기, 팔씨름, 다리찢기, 가위바위보 등을 미션으로 걸어 즐겁게 활동할 수 있다.

ⓘ 활동 유의사항 및 TIP

국어 골든벨 데이

아침에 선생님은 아직 배우지 않은 차시의 국어 지문을 선정하여 칠판에 그 쪽수를 적습니다. 등교한 학생들은 해당 지문을 확인 후 조용히 읽고, 다 읽은 학생은 관련 ○× 문제를 4개 출제합니다. 그렇게 학생들이 아침 시간을 차분하게 잘 보내고 문제를 열심히 만들었다면 해당 차시를 배울 때 학생들이 만든 문제로 오르락내리락 골든벨과 같은 수업놀이를 할 수 있습니다.

학생들 입장에서는 이미 접한 지문으로 인해 국어시간에 한 번이라도 좀 더 활기차게 수업을 할 수 있으며, 선생님의 입장에서는 학생들이 아침 시간을 차분하게 보냈기 때문에 그날의 학급 분위기를 잘 만들어갈 수 있습니다. 또한 학생들이 직접 문제를 출제하면서 그 지문에 대한 이해도가 올라가기 때문에 좀 더 학생 주도적으로 성취 수준을 달성할 수 있습니다.

야구 골든벨

오르락내리락 골든벨과 같이 탈락이나 감점이 없는 획기적인 방식입니다. 모두 제자리에 앉아서 시작하며 문제를 맞히면 교실의 오른쪽 벽으로 이동합니다. 또 문제를 맞히면 교실 뒤쪽 벽으로 이동하며, 또 문제를 맞히면 교실 왼쪽 벽, 또 문제를 맞히면 다시 제자리에 앉아 1점을 얻게 되는 방식입니다. 마치 야구에서 1루, 2루, 3루를 돌아 홈에서 1점을 얻는 방식이라고 생각하면 됩니다.

칠판 릴레이 퀴즈

▶ 해당 영역 : 수업놀이
▶ 준비물 : 종이, 연필

활동영상 보러가기

#수학시간 #연산영역 #선행학습

📣 활동소개

수학시간은 학생들의 수준 차이 때문에 고민이 많습니다. 이미 선행학습을 했거나 기초가 부진한 학생들이 섞여 있어 모두에게 적합한 수업을 하기 어렵기 때문입니다. 선행학습을 한 학생들은 질문도 잘 하지 않고 바로 교과서를 풀기 때문에 기초가 약한 학생들에게 초점을 맞춰 수업하기 마련입니다. 그러나 막상 수행평가나 간단한 테스트를 실시하면 선행학습을 한 학생들도 쉽게 틀리곤 합니다. 어설픈 선행학습으로 인해 잘못된 수학 습관을 가지고 있으나 본인은 잘 알고 있다고 생각하기 때문에 물어보지도 않고 고칠 생각도 없습니다. '칠판 릴레이 퀴즈'는 이런 문제를 해결할 수 있습니다.

📣 활동의 실제

1. 놀이 전 준비

① 선생님은 칠판을 3등분하고 차시 목표에 맞는 연산 문제 3개를 적어 놓는다.

$36 \times 47 =$	$54 \times 52 =$	$27 \times 39 =$

② 학생들은 종이와 연필을 준비한다.

2. 놀이방법

① 뽑기 프로그램으로 3명을 먼저 선정한다.

② 뽑힌 학생들은 나와서 칠판의 문제를 해결한다. 이때 답과 풀이 과정을 함께 적는다.

③ 선생님은 학생들의 풀이를 관찰하여 잘못된 습관이 있는지 확인한다.

④ 다 해결한 학생이 손을 들면 선생님은 잘못된 풀이 과정이나 오답을 체크해 준다.

⑤ 검사를 받은 학생은 차시 목표에 맞는 문제를 직접 만들고 선생님께 확인을 받은 뒤 직접 뽑기 프로그램을 작동시켜 새로운 학생을 뽑는다.

예) 차시 목표가 받아올림이 있는 두 자릿수 곱셈이라면 꼭 받아올림이 있는 문제 만들기

⑥ 새로 뽑힌 학생은 빈자리의 문제를 해결하고 위 과정을 반복한다.

⑦ 나머지 학생들은 종이에 칠판의 문제들을 해결하고 답을 기록해 놓는다. 끝난 뒤 빙고를 하기 때문에 앉아 있는 친구들도 문제를 해결해야 한다.

⑧ 마지막 학생까지 문제를 만들고 들어가면 3×3빙고를 직접 종이에 그리고 답을 채운다.

  – 문제를 만들기까지가 목표이므로 더 이상 남은 친구가 없어도 문제를 만든다.

⑨ 답을 다 못 채운 학생들을 위해 빙고 활동 전 나온 답을 발표시킨다.

⑩ 빙고 게임을 진행한다.

 활동 유의사항 및 TIP

다양한 습관 교정

선생님이 뒤에서 학생들의 풀이 과정을 한눈에 잘 볼 수 있기 때문에 사소한 습관까지도 고쳐 줄 수 있습니다. 곱셈을 할 때 1의 자리가 아닌 10의 자리를 먼저 계산하는 중대한 오류부터 숫자 '6'을 '0'처럼 적는 간단한 오류까지 다 보이기 때문에 선행학습을 한 학생들에게도 가르칠 게 많은 수학시간이 됩니다. 또한 몰라서 손을 들지 못하는 학생들도 자연스럽게 도와줄 수 있습니다.

고차원적인 사고가 요구되는 문제 만들기 활동

칠판 릴레이 퀴즈에서는 차시 목표에 맞는 문제를 직접 만들어야 합니다. 이때 학습목표를 다시 한 번 인지하게 되며 문제를 해결할 때보다 더 높은 사고력을 발휘하게 됩니다.

예를 들어 3학년의 내림이 있는 (몇십) ÷ (몇)에서 72 ÷ 6처럼 10의 자리는 내림이 있게 하고 1의 자리에서 나누어떨어지는 문제를 만들 때, 단순 계산할 때보다 더욱 고차원적인 사고를 하게 되는 것을 볼 수 있습니다.

접촉 없이 가능한
팀 협력 경쟁 놀이

몸으로 생각을 말해요

▶해당 영역 : 협력놀이
▶준비물 : PPT, 종이(또는 화이트보드), 연필, 점수판(재량)

활동영상 보러가기

#몸_표현 #같은생각 #다른생각

📝 활동소개

어떤 단어를 생각해서 몸으로 표현하고 맞히는 형식의 놀이입니다.

관련 자료(PPT)에 보여 주는 해당 주제에 어울릴 만한 단어를 몸으로 표현하되 같은 단어 쓰기일 경우에는 같은 단어가 나올 수 있게 생각을 공유하고, 다른 단어 쓰기일 경우에는 각자 다른 단어를 쓸 수 있게 생각을 공유합니다.

생각을 공유하는 방식이 글과 말이 아닌 몸으로 해야 하기 때문에 신체 표현력을 증진할 수 있는 기회가 됩니다. 자신의 주장을 관철하기보다는 함께 협력해서 생각을 공유해야 하는 협력이 중요한 놀이입니다.

📝 활동의 실제

1. 놀이 전 준비

① 종이(또는 화이트보드), 연필, 점수판(재량)을 준비한다.

- 자신이 쓴 단어를 팀원끼리 서로 확인하고, 다른 팀에서 확인이 가능하도록 종이나 화이트보드가 필요하다.

- 점수판 대신 점수를 계산하는 역할을 팀원 중에 한 명이 맡을 수도 있다.

② 활동과 관련한 PPT를 다운받아 준비한다.

☞ 놀이자료 다운 <네이버 밴드> '쏭쌤의 놀이로 푸는 초등학급경영'

- 주제는 다양한 단어가 나올 수 있는 것이 좋다.

예) 계절, 동물, 색깔, 음식 등

- 각 주제별로 같은 단어 쓰기와 다른 단어 쓰기로 나눈다.

☞ 같은 단어 쓰기 : 팀원이 모두 같은 답을 써야 한다.

☞ 다른 단어 쓰기 : 팀원이 서로 다른 답을 써야 한다.

2. 놀이방법

① 선생님이 보여 준 주제로 팀원이 서로 몸으로 대화를 나눈다.

- 같은 단어 쓰기일 경우 같은 단어를 쓸 수 있도록 의견을 모으고, 다른 단어 쓰기일 경우 서로 다른 단어를 쓰도록 의견을 공유한다.
- 말을 해서는 안 되며 한 명이 자신의 의견을 관철시키기 위해 분위기를 만들어 가면 안 된다.

② 팀원끼리 서로 보이지 않게 답을 적는다.

③ 선생님과 함께 팀별로 답을 확인한다.

☞ 같은 단어쓰기 : 팀원이 모두 같은 답을 쓰면 1득점한다.

☞ 다른 단어쓰기 : 팀원이 서로 다른 답을 쓰면 1득점한다.

☞ 다른 단어쓰기인 경우 한 개의 단어라도 겹치면 득점할 수 없다.

④ 계속해서 다양한 주제의 문제를 풀며 답을 확인한다.

예) 음식, 동물, 스포츠, 과목, 계절, 색깔, 과일, 학용품, 직업, 코로나, 감정, 여름 등

⑤ 모든 문제를 풀고 난 후 다득점한 팀이 승리한다.

ⓘ 활동 유의사항 및 TIP

1. 다음의 놀이 매너를 사전에 지도 후 실시합니다.

- 말을 하면 안 됩니다.
- 서로 화를 내거나 싸우면 안 됩니다.
- 자신의 의견만 내세우면 안 됩니다.
- 팀원이 볼 수 없게, 하지만 답을 크게 적어야 합니다.
- 놀이의 목적은 혼자 즐기는 것이 아닌 다 같이 즐기는 것임을 잊지 않습니다.

- 놀이의 최종 우승은 문제를 많이 맞힌 팀이 아닌 서로 함께 협동하고 즐긴 팀입니다.

2. 관련 자료(PPT)를 다운받아 활용합니다.

서바이벌 가위바위보 놀이

▶ 해당 영역 : 신체놀이
▶ 준비물 : 없음

활동영상 보러가기

#무한_가위바위보 #상대를_이겨라 #팀_경쟁

🗨 활동소개

가위바위보는 누구나 손쉽게 할 수 있는 놀이입니다. 교실에서 두 팀이 마주 보고 서서 상대팀과의 가위바위보를 통해 상대를 모두 자리에 앉히면 이기는 놀이입니다. 상대팀에게 가위바위보를 졌다고 해서 활동에서 제외되는 것이 아닌 계속해서 가위바위보를 도전해서 다시 자리에서 일어날 수 있습니다. 무한으로 이루어지는 가위바위보 열전 속에서 한 팀이 모두 일어서게 되는 순간 승패가 결정되는 몰입력이 높은 놀이입니다.

🗨 활동의 실제

1. 놀이 전 준비

① 인원이 같게 두 팀으로 나눈다.

  - 두 팀이 서로 마주 보는 위치로 팀을 나누는 것이 좋다.

② 팀원이 모두 제자리에서 선다.

2. 놀이방법

① 선 상태로 상대팀원과 가위바위보를 한다.

  - 이기면 계속 서 있고, 지면 자리에 앉는다.

② 서 있는 팀원은 서 있는 상대팀원 누구와도 가위바위보가 가능하다.

③ 앉아 있는 팀원은 앉아 있는 상대팀원 누구와도 가위바위보가 가능하다.

  - 가위바위보에서 이긴 학생은 계속해서 서 있거나 일어설 수 있다.

  - 가위바위보에서 진 학생은 자리에 앉는다.

④ 계속해서 상대팀원과 가위바위보를 한다.

⑤ 한 팀의 모든 학생이 앉게 되는 상황이 되면 경기는 끝이 난다.

⑥ 모든 팀원이 서 있는 팀이 1점을 획득한다.

⑦ 몇 라운드를 진행해서 다득점한 팀이 승리한다.

활동 유의사항 및 TIP ─────────────────

1. 가위바위보 대신 팔벌려 가위바위보를 활용해도 좋습니다.

2. 상대가 가위바위보를 하자고 하면 거부하지 않고 바로 할 수 있도록
   합니다.

3. 점수가 중요한 것이 아닌 놀이 자체를 즐기고 참여하는 것에 목적이
   있다고 강조합니다.

4. 라운드가 시작될 때 팀원끼리 "파이팅!"을 외치게 합니다.

실컷 그림으로
표현하는 놀이

내 얼굴을 바라봐

▶해당 영역 : 친교놀이
▶준비물 : 종이, 사인펜

#얼굴그리기 #폭소 #기분좋은

🗨 활동소개

미술활동이나 놀이 중에 서로의 얼굴을 그려 주는 활동이 많습니다.
대부분 재미도 있고 반응도 좋으나 자기의 얼굴을 잘 못 그렸을 경우 자칫 감
정이 상하는 일도 벌어질 수 있습니다. 이번에 소개할 놀이인 '내 얼굴을 바
라봐'는 그림 실력에 상관없이 모두가 즐겁게 친구의 얼굴을 그려 줄 수 있는
활동입니다.

🗨 활동의 실제

1. 놀이 전 준비

① 각자 종이와 사인펜을 준비한다.

② 짝과 서로 마주 본다.

2. 놀이방법

① 종이 위에 짝의 이름을 적는다.

② 이름 적은 부분을 접어서 가린다.

③ 선생님이 "시작!"을 외치면 짝의 얼굴을 그린다.

④ 이때 종이는 보지 않고 오직 짝의 얼굴만 보고 그린다.

⑤ 다 그렸다고 생각이 들면 종이를 뒤집는다.

⑥ 선생님은 완성된 작품들을 모두 가져간다.

⑦ 완성된 작품들 중 하나를 보여 주며 누구의 초상화인지 추리한다.

⑧ 선생님이 "하나~ 둘~ 셋!"을 외치면 그 학생을 지목한다.

⑨ 선생님이 접은 이름을 펼쳐 결과를 공개한다.

⑩ '⑦~⑨'의 과정을 반복한다.

ⓘ 활동 유의사항 및 TIP ───────────

학기 초 활동

짝의 얼굴을 관찰하고, 또한 우리 반 친구 전체의 얼굴을 관찰하게 되기 때문에 학기 초 활동으로 좋습니다. 그림과 함께 개인 사진 촬영을 한다면 좋은 추억이 됩니다.

그림 실력이 전혀 필요 없는 활동

종이를 안 보고 그리기 때문에 그림 실력이 전혀 필요하지 않습니다. 어차피 망칠 수밖에 없다는 점을 강조하고 활동을 시작합니다. 활동 전에 선생님이 먼저 종이를 안 보고 그림을 그려 망치는 것을 보여 주는 것도 좋습니다. 망칠 수밖에 없기 때문에 기분 나쁠 일도 없다는 것을 강조하면 학생들은 감정 상하지 않고 기분 좋게 활동을 할 수 있습니다. 여기저기서 폭소가 터지는 것을 쉽게 발견할 수 있는 즐거운 활동입니다.

릴레이 그리기

▶해당 영역 : 수업놀이
▶준비물 : 도화지나 A4 용지, 사인펜, 문제지, 바구니

활동영상 보러가기

#꿀잼보장 #조회수대박 #미술놀이

💬 활동소개

'릴레이 그리기'는 이종대왕이 추천하는 최고의 놀이입니다.

진행이 쉽고 준비물도 별로 없어서 무엇보다 어떤 학생들과 해도 반응이 최고입니다. 일반적인 상황은 물론 비접촉 상황에서까지도 무리 없이 활동할 수 있기 때문에 평생 가져갈 아이디어로 손색이 없습니다.

💬 활동의 실제

1. 놀이 전 준비

① 20개의 단어가 적힌 문제지를 모둠 수만큼 출력한다.

② 한 모둠당 20개의 단어를 각각 잘라 바구니에 집어넣는다.

  - 다시 말해 각 모둠은 20개의 단어가 들어 있는 바구니를 1개씩 준비한다.

③ 개인당 도화지나 A4용지 1장, 진한 사인펜 한 개씩 준비한다.

④ 모둠 내에서 1~4번 순서를 정한다.

2. 놀이방법

① 시작하면 각 모둠의 1번 학생부터 바구니의 문제를 뽑아 그림으로 단어를 설명한다.

② 글이나 말로는 설명할 수 없고 오직 그림으로만 설명한다.

③ 자기 모둠의 학생 중 한 명이 정답을 말하면 2번 학생이 바구니의 문제를 뽑아 그림으로 설명한다.

④ 역시 정답이 나오면 3번 학생이 문제를 뽑아 그림으로 설명한다.

⑤ 한 단어를 세 번 다시 그려도 정답이 안 나오면 초성 힌트를 허용한다.

⑥ '①~④'의 과정을 반복하며 먼저 20개의 단어를 모두 맞힌 모둠은 "만세" 삼창을 하며 승리한다.

🛈 활동 유의사항 및 TIP ────────────

공유하는 즐거움

활동이 끝나면 실물 화상기나 사진을 찍어 학생들이 그렸던 그림들을
TV 화면으로 보여 줍니다. 학생들의 그림들을 보며 퀴즈식으로 무엇을
그린 것인지 맞히는 시간을 가집니다. 친구들의 재치 넘치는 그림들을
보며 한 번 웃고, 우스꽝스럽게 그린 그림들을 보며 또 한 번 같이 웃게
됩니다. 같은 문제를 저마다 다르게 표현하는 것을 보고 학생들은 많
은 아이디어를 머릿속에 담아갈 것이며, 배움의 기쁨에 모두가 행복해
집니다.

만화 그리기 수업

학생마다 특별히 잘 표현하는 그림이 있습니다. 공들이지 않고도 쉽게
표현한 그림이 보이면 그 학생을 앞으로 불러 칠판에 그리게 하고 나머
지 학생들도 같이 따라 그려 보는 식으로 수업할 수 있습니다.

예술 점수

다른 모둠보다 빨리 끝낸 모둠은 이제 뭐하면 되냐고 선생님께 묻기 마
련입니다. 어떤 활동이든 학생들은 틈이 생기면 트러블을 일으키기 때
문에 철저하게 먼저 끝낸 모둠에 대한 대책을 마련해 놓는 것이 좋습니
다. 이번 릴레이 그리기 활동에서는 '예술 점수'를 부여한다고 공지합니
다. 그린 그림을 예쁘게 색칠하면 보너스 점수를 주고, 나중에 TV 화면
으로 보여 줄 때 칭찬을 아끼지 않습니다.

릴레이 몸으로 말해요

같은 형식으로 그림을 그리는 대신 '몸으로 말해요'로 활동할 수 있습니다. 이때 몸으로 표현하기가 좀 더 어렵기 때문에 학년 수준에 따라 글자 수나 초성 힌트를 허용합니다.

그림 마피아

▶해당 영역 : 친교놀이
▶준비물 : 종이, 사인펜, 문제지

#마피아 #스릴만점 #긴장

활동소개

마피아 게임은 남녀노소 누구나 좋아하는 활동입니다. 마피아를 추리하는 과정에서 긴장감이 넘치고 결과를 공개할 때 스릴 만점이기 때문입니다. 이번 활동은 그림을 그리며 마피아를 추리하는 새로운 개념의 마피아 게임으로 초등학생도 쉽게 할 수 있는 좋은 활동입니다.

활동의 실제

1. 놀이 전 준비

① 6~7명씩 한 팀으로 진행한다.

② 각 팀의 사회자를 한 명 뽑는다.

③ 사회자는 아래와 같은 문제지를 한 장씩 나눠 준다.

자동차	자동차	자동차
자동차	자동차	마피아

④ '자동차'를 받은 5명은 시민이 되고, '마피아'를 받은 1명은 마피아가 된다.

2. 놀이방법

① 쪽지를 펼쳐 문제를 확인한 뒤 각 모둠의 1번부터 차례대로 한붓그리기로 그림을 그린다.

② '자동차'를 받은 시민들은 마피아가 알아채지 못하게 적당히 '자동차' 관련 그림을 한붓그리기로 그리고, '마피아'를 받은 마피아 역시 자신이 마피아임을 들키지

않도록 다른 학생이 그린 그림을 참고하며 눈치껏 그린다.

③ 번호순으로 차례대로 진행하며, 모두 1번씩 그림을 그리면 투표를 한다.

④ 시민은 마피아라고 생각되는 학생의 이름을 적고, 마피아는 단어를 추리해서 적는다.

⑤ 사회자는 투표용지를 걷어 확인한다.

　– 만약 시민 모두가 마피아가 누군지 정확하게 추리했고, 마피아가 단어를 추리하지 못하면 시민의 승이다.

　– 만약 시민 중 한 명이라도 마피아를 추리하지 못했고, 마피아가 단어를 추리했다면 마피아의 승이다.

⑥ 사회자는 결과를 발표하며, 만약 양 팀 모두 승리 조건을 충족하지 못했다면 한 바퀴 더 그림을 그리고 다시 투표한다.

🛈 활동 유의사항 및 TIP

각자 다른 색 사인펜으로

각자 다른 색 사인펜으로 그림을 그리면 누가 무엇을 그렸는지 쉽게 파악되기 때문에 추리하기가 용이합니다.

한마디 마피아

그림 마피아를 '한마디 마피아'로 변형할 수 있습니다. 문제를 한마디씩 말로 번갈아 가며 말하는 형식입니다. 예를 들어 '흥부와 놀부'일 경우 "착하게 살아야지?" "동물은 보호해야지?" 등으로 한마디씩 말하는 방식입니다.

협동 릴레이

같은 한붓그리기 형식의 활동입니다. 술래를 제외한 나머지 학생들만
문제를 확인한 후 이를 돌아가며 한붓그리기로 그립니다. 술래는 그
그림을 보고 정답을 맞히는 방식입니다.

그림 끝말잇기

▶해당 영역 : 수업놀이
▶준비물 : 보드판(종이), 보드마카(사인펜), 지우개

활동영상 보러가기

#끝말잇기 #몰입 #표현력

🗨 활동소개

어휘력과 표현력을 동시에 기를 수 있는 활동입니다. 끝말잇기를 하며 계속 단어를 생각해 내고, 이를 또 그림으로 표현해야 합니다.

단순히 그림을 그리는 것이 아니라 상대방을 이해시켜야 하기 때문에 특징을 잘 살리는 데 초점을 두고 그림을 그리게 됩니다. 놀이 자체가 워낙 재미있어 학생들이 진정 몰입하고 즐기며 활동합니다.

🗨 활동의 실제

1. 놀이 전 준비

① 모둠 대형으로 자리를 바꾸고 모둠 내에서 1~4번 순서를 정한다.

② 각자 보드판과 보드마카, 지우개를 준비한다. 보드판이 없다면 스케치북이나 일반 종이도 가능하다.

③ 보드판의 왼쪽 귀퉁이에 네모를 한 개, 오른쪽 편에는 세로선을 긋는다.

(왼쪽 귀퉁이는 글자 수를 적는 구역이며, 오른쪽 세로 구역에는 마이너스 점수를 체크)

글자 수 적는 구역		마이너스 점수 구역

2. 놀이방법

① 선생님이 첫 글자를 제시한다.

예) 가지

② 모둠의 1번 학생부터 끝말잇기로 그림을 그린다. 첫 단어가 '가지'이기 때문에

지렁이나 지네 등 '지'로 시작하는 단어를 그리면 된다. 이때 그릴 단어의 글자 수를 '글자 수 구역'에 숫자로 표시한 뒤 그림을 그린다.

③ 나머지 학생은 그림을 보고 이해했으면 엄지를 들고, 이해하지 못했으면 엄지를 내린다.

④ 모둠원의 과반수가 엄지를 들면 다음 학생이 끝말잇기로 그림을 이어 그린다.

예) 앞의 학생이 '지렁이'를 그렸다면, 다음 학생은 '이불'과 같이 '이'로 시작하는 단어를 그린다.

⑤ 만약 과반수가 엄지를 내리면 다시 한 번 그림으로 표현할 기회를 가진다.

⑥ 두 번의 기회 모두 과반수가 엄지를 내렸다면 마이너스 점수 구역에 동그라미 하나를 그리고 새로 시작한다. 이때 선생님이 첫 글자를 제시한 것처럼 학생이 직접 첫 글자를 제시한 후 다음 번호가 끝말잇기로 다시 그림을 그린다.

⑦ 주어진 시간이 끝났을 때 마이너스 점수 칸에 동그라미 개수가 가장 적은 학생이 최종 우승한다.

🔊 활동 유의사항 및 TIP ─────────────

끝말잇기임을 강조

학생들은 처음에 그림 끝말잇기를 어렵게 생각합니다. 한 바퀴도 제대로 돌지 못하고 마이너스 점수 구역에 동그라미만 쌓일 때도 있습니다. 이때 선생님께서는 '끝말잇기'라는 점을 계속 강조해 주는 것이 좋습니다. 끝말잇기이기 때문에 직전 단어의 끝말로 시작하는 단어를 표현하고 있다는 점을 인지시키면 좀 더 원활하게 진행이 가능합니다. 의외로 학생들은 끝말잇기라 생각하지 않고 오직 그림만 보고 정답을 생각하기 때문입니다. 방금 '어'로 끝났다면 '어'로 시작하는 단어가 무엇이 있는지부터 떠올리게 한다면 답을 보다 쉽게 찾을 수 있습니다.

몸으로 끝말잇기

1. 선생님이 첫 단어를 칠판에 제시합니다.
2. 모둠의 1번 학생부터 손가락으로 글자 수를 알려 준 뒤 끝말 글자로 시작하는 단어 한 개를 몸으로 표현합니다. 예를 들어 '의자'로 시작했으면 '자'로 시작하는 '자전거'를 몸으로 표현합니다.
3. 나머지 학생들은 이해했으면 엄지를 들고, 이해하지 못했으면 엄지를 내립니다.
4. 모둠원의 과반수가 엄지를 들면 다음 학생이 끝말잇기로 단어를 몸으로 설명합니다.
5. 만약 과반수가 엄지를 내리면 다시 한 번 몸으로 표현할 수 있는 기회를 가집니다.
6. 두 번의 기회 모두 과반수가 엄지를 내렸다면 -1점을 얻고 어떤 단어였는지를 말로 설명한 뒤 다음 학생이 처음부터 다시 시작합니다.

선생님 말에 끝까지
집중하는 말 놀이

박수치기 놀이

▶ 해당 영역 : 수업놀이
▶ 준비물 : 없음

활동영상 보러가기

#말_놀이 #집중놀이 #행동_반응

🗨 활동소개

수업 중 학생들의 집중력을 끌어올릴 수 있는 집중 놀이입니다. 보통 학생들의 집중력을 끌어올리기 위해 "박수 ○ 번" 정도를 활용하는 경우가 많습니다. 여기에 "박수 ○ 발", "박수 ○ 박"을 추가해서 더욱 집중할 수 있도록 한 간단한 활동입니다. "박", "번", "발"이라는 말이 듣기에 비슷하기 때문에 더욱 집중해서 행동으로 반응을 해야 하는 활동으로 어디서든 활용할 수 있습니다.

🗨 활동의 실제

1. 놀이 전 준비

① 활동 방법에 대해 안내한다.

☞ 박수 ○ 번 : 횟수만큼 손으로 박수를 친다.

☞ 박수 ○ 발 : 횟수만큼 발로 바닥을 친다.

☞ 박수 ○ 박 : 횟수만큼 손으로 책상을 친다.

2. 놀이방법

① 수업 중 언제든 학생들의 집중을 이끌 수 있는 활동이다.

② 다음은 자리에 앉아 있는 상태로 가능한 활동이다.

③ 선생님은 "박", "번", "발"을 섞어 가며 박수를 유도한다.

　- 박수의 횟수는 1~3회가 적당하다.

④ 선생님의 말을 집중해서 들으며 바로 반응할 수 있도록 한다.

⑤ 서 있는 상태에서 활동은 다음과 같다.

　- 박수 ○ 번 : 횟수만큼 손으로 박수를 친다.

　- 박수 ○ 발 : 횟수만큼 발로 바닥을 친다.

　- 박수 ○ 박 : 횟수만큼 제자리에서 가볍게 점프를 한다.

ⓘ 활동 유의사항 및 TIP

1. 평상시 사용했던 다른 집중구호와 연계해서 활용해도 좋습니다.

2. 수업시간 언제든 재미있게 집중을 시킬 수 있습니다.

3. 어디서든 활용이 가능합니다.

   - 체육관, 운동장 등 서 있는 상태에서도 놀이 적용이 가능합니다.

4. 승패 구조가 없이 하는 간단한 형태의 집중 활동입니다.

숫자 집중 놀이

▶ 해당 영역 : 수업놀이
▶ 준비물 : 연필(지우개 또는 색연필 등)

활동영상 보러가기

#말_놀이 #집중놀이 #민첩성

활동소개

수업 중 간단한 말로 학생들의 집중과 재미를 이끌 수 있는 간단한 놀이입니다. 사전에 정한 숫자에 어떤 반응을 보여야 하는지 안내를 한 후 수업시간 언제든 갑자기 놀이를 하며 집중을 시킬 수 있습니다.

특정 숫자에 학용품을 잡고 머리 위로 드는 민첩성이 필요한 놀이입니다. 간단한 신체 반응 놀이로 더욱 즐거운 수업시간을 만들어 보길 바랍니다.

활동의 실제

1. 놀이 전 준비

① 특정 숫자에 어떤 행동을 할지에 대해 함께 정한다.

- '3' 또는 '4'라는 숫자에 학용품을 잡고 머리 위로 번쩍 든다.

예) 1 : 손 머리, 2 : 어깨, 3 : 연필 잡기

2. 놀이방법

① 수업 중 학생들의 집중을 이끌 수 있는 놀이로 '3'이라는 숫자에 누가 제일 빠르게 연필을 잡는지 결정하는 놀이이다.

② 선생님이 숫자를 부르면 1초 안에 행동으로 옮긴다.

예) (1 : 손 머리, 2 : 어깨, 3 : 연필 잡기) 1, 2, 1, 2, 2, 1, 1, 3

- 목소리에 강약을 주며 긴장감과 몰입력을 끌어올린다.

③ '3'이라는 숫자에 가장 먼저 연필을 잡은 학생에게 칭찬해 준다.

④ 활동 방법에 대해 익숙해졌다면 숫자를 늘리는 방법도 좋다.

예) 1 : 손 머리, 2 : 어깨, 3 : 박수치기, 4 : 연필 잡기

⑤ 선생님이 숫자를 부르면 1초 안에 행동으로 옮긴다.

예) 1, 1, 2, 2, 1, 3, 1, 3, 4

⑥ '4'라는 숫자에 가장 먼저 연필을 잡은 학생에게 칭찬해 준다.

ⓘ 활동 유의사항 및 TIP ──────────────

1. 숫자를 부르면 잡고 있던 연필을 내려놓고 언제든 놀이에 참여할 수 있도록 분위기를 형성합니다.

2. 연필을 빠르게 잡으려다가 손이 다치지 않도록 주의를 줍니다.

   - 연필이 위험하다면 지우개 잡기로 대체합니다.

3. 숫자에 따라 행동해야 하는 규칙은 중간중간 바꾸며 해도 좋습니다.

4. 처음에는 1, 2, 3까지만으로 규칙을 정하고, 잘하면 1, 2, 3, 4로 늘립니다.

앞뒤오왼 놀이

▶ 해당 영역 : 신체놀이
▶ 준비물 : 없음

활동영상 보러가기

#생각하고_행동 #점프활동 #신체_집중 ▾ 🔍

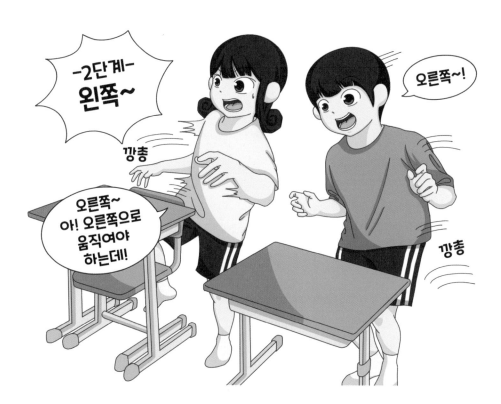

활동소개

'앞뒤오왼 놀이'는 선생님의 말에 따라 앞, 뒤, 오른쪽, 왼쪽으로 점프를 해야 하는 놀이입니다. 좁은 교실에서 점프를 하다가 접촉이 일어나거나 다칠 수 있기 때문에 점프는 가볍게 할 수 있도록 안내를 해 줍니다.

또한, "집으로!"라는 말에는 처음 본인이 서 있던 자리로 돌아올 수 있게 하여 접촉을 예방할 수 있습니다. 단계가 올라갈수록 조금씩 어려워지므로 1단계부터 시도해 보기 바랍니다.

활동의 실제

1. 놀이 전 준비

① 책상 주변 통로에 선다.

  - 벽 쪽에 붙은 책상인 경우 교실 앞이나 뒤쪽의 공간으로 이동해서 서게 한다.

  - 앞과 뒤, 오른쪽, 왼쪽으로 이동할 수 있는 공간에 선다.

2. 놀이방법

① 놀이는 3단계까지 있으며, 현재 서 있는 곳은 "집!"이라고 정해 주고 위치를 기억하게 한다.

② 놀이 1단계는 선생님이 말한 대로 움직이고 행동한다.

③ 선생님이 "앞으로!"라고 말하면, 학생들은 "앞으로!"라고 말하며 앞으로 한 번 뛴다.

④ 선생님이 "오른쪽!"이라고 말하면, 학생들은 "오른쪽!"이라고 말하며 오른쪽으로 한 번 뛴다.

⑤ 학생들의 위치를 보며 적당히 "앞으로", "뒤로", "오른쪽", "왼쪽", "집으로"를 섞어 말한다.

  - 학생들이 서로 엉켜서 접촉이 일어나거나 다칠 수 있을 것 같으면 "집으로!"라고 말해 학생 모두 자신의 처음 자리로 돌아올 수 있도록 한다.

⑥ 어느 정도 익숙해지면 놀이 2단계를 진행한다. 놀이 2단계는 선생님 말의 반대로 말하고 움직인다.

⑦ 선생님이 "앞으로!"라고 말하면, 학생들은 "뒤로!"라고 말하며 뒤로 한 번 뛴다.

⑧ 학생들의 위치를 보며 적당히 "앞으로", "뒤로", "오른쪽", "왼쪽", "집으로"를 섞어 말한다.

    - 학생들이 서로 엉켜서 접촉이 일어나거나 다칠 수 있을 것 같으면 "집으로!"라고 말해 학생 모두 자신의 처음 자리로 돌아올 수 있도록 한다.

⑨ 놀이 3단계는 선생님의 말대로 움직이고 말은 반대로 한다.

⑩ 선생님이 "오른쪽!"이라고 말하면, "오른쪽"으로 움직이고 말은 반대로 "왼쪽"이라고 한다.

⑪ 학생들의 위치를 보며 적당히 "앞으로", "뒤로", "오른쪽", "왼쪽", "집으로"를 섞어 말한다.

ⓘ 활동 유의사항 및 TIP

1. 놀이를 적용할 때 하나씩 천천히 시범을 보이며 설명해 줍니다.

2. 주변 사물에 부딪치지 않도록 조심하며, 학생들이 많이 이동한 경우 "집으로!"라고 말해 다시 원래 위치로 올 수 있도록 합니다.

3. 해당 단계의 연습을 통해 학생들이 이해한 후 놀이를 진행합니다.

4. 준비물이 필요 없어 언제 어디서든 활용이 가능합니다.

5. (접촉 가능인 경우) 팀원끼리 손을 잡고 활동하면 유대감을 형성할 수 있어 좋습니다.

제자리에서도
더 즐거운 놀이

내가 대체 누구?

▶해당 영역 : **수업놀이**
▶준비물 : **포스트잇, 사인펜**

활동영상 보러가기

#포스트잇 #스무고개 #질문놀이

📣 활동소개

일반적으로 많이 하는 스피드 퀴즈는 자신이 본 단어를 남에게 설명하는 형식입니다. 이번 활동은 스피드 퀴즈와는 반대로 내가 보지 못한 단어를 남에게 스무고개 형식으로 질문하며 답을 추리하는 형식입니다.

교실놀이는 물론이고 수업놀이로도 활용이 가능한 의미 있는 활동입니다.

📣 활동의 실제

1. 놀이 전 준비

① 각자 포스트잇을 한 장씩 준비한다.

2. 놀이방법

① 선생님이 주제를 제시한다.

　　예) 위인

② 각자 주제에 맞는 단어를 포스트잇에 한 개 적는다.

　　예) 세종대왕, 이순신, 신사임당 등

③ 포스트잇을 오른쪽 친구 책상의 전면에 붙인다. (해당 책상의 친구가 볼 수 없는 위치)

④ 1번 학생부터 "예"와 "아니오"만 나올 수 있는 스무고개 형식의 질문을 두 개씩 하며 자신의 단어를 추리한다.

　　☞ 조선시대 사람인가요?

　　☞ 발명을 하셨나요?

　　☞ 독립운동을 하셨나요?

⑤ 1번 학생의 질문이 끝나면 2번 학생이 자신의 단어를 추리하기 위한 질문을 2개씩 한다.

⑥ 정답을 말하고 싶을 때도 자신의 질문 차례에 할 수 있다.

⑦ 먼저 자신의 책상에 붙은 단어를 맞힌 학생이 승리한다.

ⓘ 활동 유의사항 및 TIP ──────────

메모하기

질문을 돌아가며 하기 때문에 자신이 질문했던 내용을 잊기 쉽습니다.
따라서 종이에 메모하며 활동을 합니다.

오개념을 자연스럽게 수정

한 학생의 질문에 대한 답이 서로 엇갈릴 때가 있습니다. 이때 자연스럽
게 서로 이야기를 나누며 오개념을 수정하기 때문에 배운 내용을 주제로
활동하면 유용합니다.

돌아다니며 활동

포스트잇을 등에 붙이고 돌아다니면서 친구를 만나 서로 스무고개 질문
을 하고 헤어지는 형식으로 활동할 수 있습니다.

스파이를 찾아라

▶ 해당 영역 : 친교놀이
▶ 준비물 : 단어카드

활동영상 보러가기

#도티 #마피아게임 #스파이게임

활동소개

유명 유튜버 '도티'가 게임 속에서 한 놀이를 실제 교실에서 구현하였습니다. 마피아 게임과 비슷하면서도 색다른 놀이로 학생들이 서로 대화를 주고받으며 추리를 하는 과정이 고차원적이고 스릴이 있습니다.

학생들이 '도티'라는 유튜버를 너무나 좋아하기 때문에 학기 말에 이 놀이를 하면 폭발적인 반응을 이끌어 낼 수 있습니다.

활동의 실제

1. 놀이 전 준비

① 6~7명을 한 팀으로 구성한다.

② 단어카드를 준비한다.

경찰서	경찰서	경찰서
경찰서	경찰서	스파이

2. 놀이방법

① 선생님은 학생들에게 단어카드를 한 장씩 나눠 준다.

② 한 명은 스파이 카드를 받게 되고, 나머지는 같은 장소가 적힌 카드를 받는다.

예) 경찰서

③ 릴레이로 질문을 주고받는다. (질문을 받은 학생이 답을 하고 다른 친구에게 질문)

④ 시민들은 스파이가 장소를 알 수 없도록 두루뭉술하게 질문한다.

　　☞ 여기 가 봤어?

　　☞ 엄마랑 여기 가고 싶어?

　　☞ 여기서 한 달간 살면 기분이 어떨 것 같아?

⑤ 질문이나 답은 장소가 드러나게 대놓고 말할 수 없으며, 처음에 학생들이 어려워하기 때문에 TV나 칠판에 올바른 질문 예시를 띄워 놓는다.

☞ 이종대왕 블로그(blog.naver.com/ljh6969) 공지글 검색

⑥ 시민들은 질문을 통해 장소를 모르는 스파이를 찾아야 한다.

⑦ 스파이는 반대로 시민들의 질문과 답을 들으며 장소를 유추하고, 자신에게 질문이 오면 그에 맞게 대답을 잘해야 한다.

⑧ 일정 시간이 지났을 때 '하나~ 둘~ 셋!'과 함께 동시에 스파이를 지목하며, 스파이는 장소를 말한다.

⑨ 모든 시민이 스파이를 지목하면 시민이 승리하고, 스파이가 단어를 맞히면 스파이의 승리로 끝이 난다.

ⓘ 활동 유의사항 및 TIP ────────

스토리 가미하기

활동을 하기 전에 분위기 있는 음악을 켜고 스토리텔링을 해 줍니다.

"전쟁을 앞두고 각 나라의 비밀요원들이 이 캠프에 모였다. 이 비밀회담의 결과에 따라 무고한 희생을 막을 수 있다. 그런데 이곳에 스파이가 잠입했다는 첩보가 들어왔다. 스파이는 이 회담을 방해하여 전쟁을 막지 못하게 할 목적이다. 아쉽게도 누가 스파이인지 비밀요원인지 알 수가 없는 상황이나 비밀요원이 가진 암호를 스파이만 모르고 있다. 대놓고 암호를 말하면 스파이도 듣기 때문에 질문을 통해 누가 스파이인지 가려야만 한다. 시간은 단 10분. 과연 비밀

요원들이 스파이의 방해를 물리치고 전쟁을 막을 수 있을 것인가! 모든 인류의 목숨이 이 비밀회담에 달려 있다."

레포가 쌓인 뒤 하기

이 활동은 레포가 쌓이면 쌓일수록 더욱 재미있습니다. 반대로 학기 초에 이 활동을 한다면 시시하게 끝날지도 모릅니다. 서로가 서로를 잘 알면 알수록 그 재미가 배가 되는 활동입니다.

제자리 철인 3종 경기

▶해당 영역 : 친교놀이
▶준비물 : 500ml 물병, 휴지, 공기

#교실올림픽 #공기 #물병세우기

3단계 휴지왕 도전 중!

난 먼저 미션을 완료했으니 물병 세우기 신기록을 세울 거야!

활동소개

'교실 올림픽' 놀이를 들어 본 적 있으시죠? 여러 가지 종목들을 구성해서 교실에서 올림픽처럼 할 수 있는 놀이인데, 이 놀이의 단점이 한 종목당 모둠에서 한 명씩만 대표로 나와서 활동하고 나머지 학생들은 기다려야 합니다.

한시라도 가만히 있길 힘들어 하는 학생들에게 놀이를 그냥 구경하게 하는 것은 여간 힘든 일이 아니며, 그것을 통제하는 선생님 역시 힘이 듭니다.

'제자리 철인 3종 경기'는 그런 교실 올림픽의 단점을 보완하며 모든 학생들이 끊임없이 여러 가지 종목에 참여할 수 있도록 구성한 놀이입니다.

활동의 실제

1. 놀이 전 준비

① 각자 책상에 공기 5알과 물을 반쯤 채운 500ml 물병 한 통, 휴지 한 칸을 준비한다.

② 칠판이나 PPT에 각 종목에 대한 성공 기준을 제시한다.

- 1단계 : 공기 20살 먹기
- 2단계 : 물병 세우기
- 3단계 : 휴지왕
    - 박수 두 번치고 잡기
    - 박수 세 번치고 잡기
    - 박수 네 번치고 잡기
    - 박수 다섯 번 치고 잡기

2. 놀이방법

① 1단계는 공기놀이를 해서 20살 이상을 먹으면 통과한다.

- 학년 수준에 따라 나이는 융통성 있게 정한다.

② 2단계는 균형 감각을 요하는 물병 던져 세우기다.

　- 물병을 제자리에서 던져 책상 바닥에 세우면 되는 단순하지만 쉽지 않은 활동
　　이다.

　- 물의 양은 학생이 직접 조절해도 된다.

③ 2단계까지 성공하면 3단계 휴지왕에 도전한다.

　☞ 박수를 앞뒤로 한 번씩 두 번 치고 잡으면 1단계 통과

　☞ 박수를 앞뒤로 한 번씩 세 번 치고 잡으면 2단계 통과

　☞ 박수를 앞뒤로 한 번씩 네 번 치고 잡으면 3단계 통과

　☞ 박수를 앞뒤로 한 번씩 다섯 번 치고 잡으면 4단계 통과

④ 휴지왕 단계 내에서 어느 단계에서든 실패하면 1단계 박수치기부터 다시 도전한다.

⑤ 모든 종목의 미션을 완수하면 '오늘의 철인왕'이 된다.

 활동 유의사항 및 TIP

Class Record 활동

먼저 미션을 완료한 학생은 'CR' 활동을 합니다. CR은 Class Record의 약자
로 세계 신기록인 WR이 아닌 학급 신기록인 CR을 뜻합니다. 모든 단계를
통과한 학생은 스마트폰의 초시계를 이용하여 각 단계를 몇 초 만에 통과
하는지 기록을 다시 측정합니다. 그리고 그 결과를 칠판에 적습니다.

학급 신기록 CR		
공기 - 이종혁 1분 25초	물병 세우기 - 이종혁 32초	휴지왕 - 이종혁 1분 3초

뒤따라 모든 단계를 통과한 다음 학생들도 CR 활동을 하여 다른 학생의 기록을 경신하면 칠판에 기록합니다.

학급 신기록 CR		
공기 ~~이종혁 1분 25초~~ - 김우찬 1분 12초	물병 세우기 ~~이종혁 32초~~ - 송성근 30초	휴지왕 ~~이종혁 1분 3초~~ - 한미경 59초

우리가 만드는 철인 3종 경기

학생들의 의견을 모아서 반에서 유행하는 놀이들을 철인 3종 경기에 포함시킬 수 있습니다. 예를 들어 딱지 2번 연속으로 넘기기, 윷 던져 모 연속 2번 나오기, 제기 3번 차서 10개 도전하기 등을 할 수 있습니다.

폭탄은 피하고 숫자는
맞히는 스릴 만점 놀이

제자리 인간숫자 폭탄 놀이 2종 세트

활동영상 보러가기

▶해당 영역 : 협력놀이
▶준비물 : 종이, 연필

#숫자_순서대로 #폭탄_피하기 #팀_협력

활동소개

인간숫자 폭탄 놀이는 학생들이 매우 좋아하는 놀이 중에 하나입니다.
모둠원이 서로 협의해서 각자 숫자 또는 폭탄 역할을 정하고, 상대팀은 폭탄
은 피하고 숫자는 순서대로 맞혀야 하는 놀이입니다. 원래 움직이며 하는 놀
이인데, 이것을 비접촉 상황에서 제자리에서 할 수 있도록 변형하였습니다.
놀이 방법을 천천히 설명해 주고 이해시킨 후 활동하기 바랍니다.

활동의 실제

1. 놀이 전 준비

① 두 팀으로 나눈다.

- 인원수가 같게 나누며, 한쪽 팀이 1명이 많을 시 심판이나 운영자 역할을 하게
한다.

② 종이에 팀원 수보다 1개가 적게 숫자를 적고, 1개는 폭탄(별)을 적는다.

예) 팀원 6명 : 1~5 숫자 종이, 별(폭탄) 종이

- 숫자와 폭탄의 수는 재량껏 조정이 가능하다. (폭탄 1~2개)

2. 놀이방법

놀이 ❶ 제자리 인간숫자 폭탄 놀이

① 활동방법을 이해시키기 위해 처음에는 종이를 활용해서 놀이를 한다.

- 활동 방법을 모두 이해한 경우에는 종이를 나눠 주지 않고 팀원끼리 서로 협의
해서 숫자나 폭탄 역할을 정하도록 한다.

② 공격과 수비의 역할을 정하고, 수비팀은 숫자(폭탄 포함) 종이를 받아 자신의 숫자
(폭탄 포함)를 상대팀이 보지 못하게 하고 외운다.

- 수비팀의 숫자와 폭탄 역할을 공격팀이 알 수 없게 수비팀원끼리 협의 후 활동
한다.

③ 수비팀은 자기 자리에서 일어난다.

④ 공격팀의 공격 순서(말할 순서)를 정한 후 시작과 함께 시간을 잰다.

⑤ 공격팀은 공격 순서에 맞게 수비팀을 숫자 순서대로 맞혀야 한다.

⑥ 숫자 순서를 예상하며 수비팀원의 이름을 부른다.

⑦ 이름이 불린 친구는 자신의 번호(또는 폭탄)를 말한다.

⑧ 만약, 번호가 '1'이라면 자리에 앉으며, 공격팀원은 계속해서 다음 수비팀원의 이름을 부를 수 있다.

⑨ '1'이 아니라면 다음 공격자가 수비팀원의 이름을 부른다.

⑩ 계속해서 숫자 순서대로 수비팀원의 이름을 부르려고 노력한다.

　- 숫자 순서가 맞으면 공격권을 계속해서 가지고 친구 이름을 부른다.

　- 숫자 순서가 틀리면 공격권은 다음 팀원에게 넘어간다.

⑪ 중간에 폭탄을 가진 수비팀원을 부를 경우 수비팀원 모두 다시 일어선다.

　- 처음부터 다시 '1'부터 순서대로 친구 이름을 말해 앉혀야 한다.

⑫ 폭탄을 제외한 모든 수비팀원이 숫자 순서에 맞게 자리에 앉게 될 때까지의 시간을 잰다.

⑬ 공격과 수비의 역할을 바꿔 놀이를 진행한다.

⑭ 시간이 더 적게 걸린 팀이 승리한다.

놀이 ❷　가위바위보 인간숫자 폭탄 놀이

① 활동 방법은 기본적으로 '놀이❶'과 동일하다.

② 다만, 다음의 방법만 다르다.

　- 수비팀원의 이름을 부르면 해당 학생의 번호나 폭탄을 알 수 있었지만, 가위바위보를 해서 수비팀원을 이겨야만 해당 학생의 번호나 폭탄을 알 수 있다.

　- 만약 공격팀원이 수비팀원을 가위바위보에서 이겼다면 수비팀원은 자신의 번호 또는 폭탄을 말한다. 숫자 순서에 맞는 경우 공격팀원은 다른 수비팀원을

지목해 가위바위보를 한다.

- 만약 공격팀원이 가위바위보에서 수비팀원에게 졌다면 수비팀원은 자신의 번호 또는 폭탄을 말하지 않으며 공격권은 다음 공격팀원에게 넘어간다.

③ 가위바위보 상황이 추가되어 결과가 예측 불가능하다.

- 놀이 시간이 좀 더 길어진다.

ⓘ 활동 유의사항 및 TIP

접촉이 가능한 상황일 경우 장소에 따른 인간숫자 폭탄 놀이를 다음과 같이 할 수 있습니다.

교실

수비팀원에게 직접 이동해서 하이파이브를 한 경우 숫자(폭탄)를 공개하며, 중간에 폭탄이 터진 경우 수비팀원끼리 위치를 바꿉니다.

체육관이나 운동장

수비팀이 출발선에서 다양한 방법(10발 뛰기, 훌라후프 차기 등)으로 나가서 있으면 공격팀이 직접 출발선에서 뛰어가서 수비팀원을 터치하는 방식으로 변경할 수 있으며, 중간에 폭탄이 터지면 서 있는 위치를 서로 바꿉니다.

서로 합심하며
해결하는 놀이

집단 스피드 퀴즈

▶ 해당 영역 : 수업놀이
▶ 준비물 : 종이, 연필

#스피드퀴즈 #전체가_동시에 #꿀잼

🗨 활동소개

보통 '몸으로 말해요'와 같은 스피드 퀴즈는 혼자 몸으로 단어를 설명하는 방식이기 때문에 쉽게 설명할 수 있는 문제만 출제합니다. 따라서 '염전'이나 '그래프'와 같이 몸으로 설명하기 어려운 단어는 출제 목록에서 제외하곤 합니다.

하지만 '집단 스피드 퀴즈'에서는 난이도를 고려할 필요가 없습니다. 교과서 범위 내 문제만 출제하기 때문에 학생들이 한정된 범위를 인지한 상태에서 한 명만 설명하지 않고 모두가 동시에 설명하는 방식이기 때문이죠. 집단 지성의 힘을 마음껏 발휘해 보세요.

🗨 활동의 실제

1. 놀이 전 준비

① 학급 전체를 두 팀으로 나눈다.

② 각 팀에서 번호를 각각 정한다.

③ 선생님은 출제 범위 내의 학습단어들을 PPT에 한 슬라이드당 한 개씩 넣는다.

(교과서를 보고 칠판에 바로 단어를 적어도 무방)

2. 놀이방법

① 각 팀의 1번 학생이 앞으로 나와 칠판을 등지고 선다.

② 선생님은 칠판에 문제를 적는다.

③ 나머지 학생들은 모두 일어서서 문제를 몸으로 설명한다.

예) 의식주면 먹고 있는 학생, 옷을 입고 있는 학생, 집에서 자는 학생 등 다양하게 몸으로 설명

④ 1번 학생들은 친구들이 몸으로 설명하는 것을 보고 정답을 종이에 적는다.

⑤ 만약 한 팀이 먼저 정답을 적으면 나머지 팀은 10초 안에 답을 적어야 한다.

⑥ 정답 공개 후 정답을 맞힌 팀은 1점을 얻는다. (칠판에 체크)

⑦ 1번 학생들은 들어가고 2번 학생들이 앞에 나와 다음 문제를 진행한다.

🅘 활동 유의사항 및 TIP ──────────

원활한 진행을 위해

1. 몸으로만 학습단어를 설명하기 때문에 다소 어려울 수 있지만 최근 배운 단어라는 점을 계속 상기시키면 의외로 문제를 잘 해결합니다.

2. 글자 수는 미리 알려 주고, 만약 두 팀 모두 답을 쓰지 못하고 있으면 초성 힌트를 부여합니다.

3. 문제의 뜻을 모르는 학생들은 주변 친구들이 하는 동작을 보고 따라 배우게 됩니다.

4. 맨 뒤에 앉은 학생들만 의자에 일어서서 설명하는 것을 허용합니다. (앞의 친구들 때문에 가려서 보이지 않기 때문)

어려울수록 성취감 최고

처음 집단 스피드 퀴즈를 기획하고 진행했을 때는 적당한 수준의 단어만 출제했습니다. 예를 들어 3학년 학생들을 대상으로 의식주, 스키장, 펜션 등 충분히 몸으로 설명 가능한 학습단어만 출제했습니다.

이 정도면 '난이도가 적당하겠구나' 했는데 생각보다 3학년 학생들이 몸으로 너무 잘 설명하고 쉽게 정답을 맞혀 재미가 덜 했습니다.

그래서 그래프, 염전, 강수량, 우데기처럼 몸으로 설명하기 어려운 단어들을 출제하게 되었습니다. 하지만 모두가 함께 설명을 하는 집단 스피드 퀴즈에서는 어려운 단어도 그리 큰 문제가 되지 않았습니다. 그래프의 경우 손으로 직접 가로축과 세로축을 그리고 꺾은선 그래프를 손으로 나타내는 등 다양한 힌트로 정답을 손쉽게 이끌어 냈기 때문입니다.

지워지는 힌트

▶해당 영역 : 수업놀이
▶준비물 : 종이, 연필

활동영상 보러가기

#협동 #단합 #힌트

💬 활동소개

'지워지는 힌트'는 술래가 답을 맞힐 수 있도록 나머지 학생들이 힌트를 주는 활동입니다. 단, 같은 힌트를 적었을 경우는 술래에게 보여 줄 수 없습니다. 따라서 힌트가 지워지지 않도록 최대한 다양한 단어를 생각해서 힌트를 주는 것이 중요합니다.

💬 활동의 실제

1. 놀이 전 준비

① 각자 종이와 연필을 준비한다.

② 5~7명을 한 팀으로 구성한다.

2. 놀이방법

① 각 팀에서 1번 학생이 먼저 엎드린다.

② 선생님이 주제어를 칠판에 적는다.

　　예) 사과

③ 나머지 학생들은 주제어에 연상되는 단어를 종이에 적는다.

　　예) 빨간색, 과일, 백설공주 등

④ 힌트들을 서로 비교하여 중복된 힌트를 적었다면 제외시키고 나머지 힌트만 술래에게 보여 준다.

　　예) 빨간색, 과일, 과일, 백설공주 이렇게 4개의 힌트를 적었다면, 과일은 두 명이 적었기 때문에 지우고 빨간색과 백설공주만 술래가 볼 수 있다.

⑤ 술래는 힌트들을 보고 정답을 추리한다.

⑥ 정답을 맞힌 모둠은 1점을 얻는다.

⑦ 다음 2번 학생이 엎드린다.

⑧ '②~⑥'의 과정을 반복한다.

ⓘ 활동 유의사항 및 TIP ─────────

학생들끼리 가능

5~7명을 한 팀으로 구성하고 모두 주제어를 한 개씩 정해 놓습니다. 1번 학생이 먼저 엎드리고 2번 학생이 주제어를 제시한 뒤 힌트를 적는 식으로 학생들끼리 충분히 진행이 가능합니다.

배웠던 내용을 주제로

배웠던 내용을 주제로 하면 활동하기 편합니다. 예를 들어 '고조선'이라는 주제로 하면 고인돌, 8조법, 국가, 단군왕검 등이 나올 수 있습니다. 그 외 사회에서는 옛날과 오늘날의 도구, 교통수단, 통신수단, 역사를 주제로 하기 좋으며, 과학에서는 동물의 분류, 식물의 분류 등으로 할 수 있습니다.

교실 음악 놀이 3종 세트

활동영상 보러가기

▶ 해당 영역 : 수업놀이
▶ 책상 형태 : 전체대형
▶ 준비물 : 없음

#음악시간 #가창 #감상

어색한 가창시간! 뻔하고 지루한 감상시간! 시간표에 음악이 보일 때마다 고민하는 선생님들을 위한 음악 놀이 세 가지를 소개합니다. 학생들의 노랫소리가 자연스럽게 커지고 표현 능력이 극대화되는 신비한 놀이!

교실을 웃음바다로 만들고 싶다면 오늘 바로 이 놀이를 추천합니다.

🗨 활동의 실제

놀이 ❶ 대장을 찾아라

1. 놀이 전 준비

① 모두 가운데를 향하게 선다.

② 음악시간에 배운 노래를 한 곡 선정한다.

③ 술래를 1명 정한다.

④ 술래는 교실 밖으로 잠시 나간다.

⑤ 술래 몰래 대장을 1명 정한다. 이때 대장은 희망자로 선정한다.

2. 놀이방법

① 술래가 교실로 들어오면 노래가 시작된다.

② 대장으로 뽑힌 학생은 여러 가지 동작을 하고, 나머지 학생들은 대장이 하는 동작을 따라 한다.

③ 이때 학생들은 대장을 대놓고 보지 않고 주변의 친구 동작을 따라 한다.

　－ 모두 가운데를 향하여 보고 있기 때문에 주변 친구를 봐도 대장의 동작을 결국 따라 하게 된다고 설명한다.

④ 술래는 대장이 누군지 선생님이 신호를 주면 지목한다.

X맨을 찾아라

1. 놀이 전 준비

① 음악시간에 배운 노래를 한 곡 선정한다.

② 술래를 한 명 정한다.

③ 술래는 교실 밖으로 잠시 나간다.

④ 뽑기 프로그램으로 술래 몰래 X맨을 한 명 정한다.

2. 놀이방법

① 노래가 시작되면 술래는 다시 교실로 들어오고 나머지 학생들은 노래를 시작한다.

② 술래는 교실을 천천히 돌아다닌다. 나머지 학생들은 술래가 X맨에게 가까워질수록 노래를 점점 크게 부르고 X맨에게 멀어질수록 노래를 점점 작게 부른다.

③ 이때 X맨은 립싱크를 하며 노래 부르는 흉내만 낸다.

④ 노래가 다 끝나면 술래는 립싱크를 하는 X맨을 지목한다.

박수탐정

1. 놀이 전 준비

① 탐정을 한 명 정한다.

② 탐정은 교실 밖으로 잠시 나간다.

③ 뽑기 프로그램으로 탐정 몰래 범인을 한 명 정한다.

2. 놀이방법

① 노래가 시작되면 탐정은 교실로 들어오고, 나머지 학생들은 박수를 치기 시작한다.

② 탐정은 교실을 천천히 돌아다닌다. 나머지 학생들은 탐정이 범인에게 가까워질수록 박수를 점점 빠르게 치고, 범인에게 멀어질수록 박수를 점점 느리게 친다.

③ 탐정에게 지목할 수 있는 기회는 단 1번, 신중하게 범인을 지목한다.

ⓘ 활동 유의사항 및 TIP

다양한 응용방식

음악시간에 할 수 있는 3가지 다양한 활동들은 대형을 바꾸면 또 새로워
집니다. 원 대형에서도 할 수 있고 앉아서도 일어서서도 할 수 있기 때문
에 음악시간마다 다양한 방식으로 적용하면 좋습니다

눈치코치 게임

▶ 해당 영역 : 협동놀이
▶ 준비물 : 없음

#팀빌딩 #단합 #학급세우기

활동소개

눈치 게임과 팀 빌딩 형식이 결합된 신개념 활동입니다. 눈치를 최대한 발휘하여 팀 전체가 협동해서 승리할 수 있는 최적의 팀 빌딩 활동입니다. 준비물도 필요 없고 대형 이동도 필요 없기 때문에 활용성이 매우 높은 활동입니다.

활동의 실제

1. 놀이 전 준비

① 학급 전체를 두 팀으로 나눈다.

2. 놀이방법

① 선생님이 주제를 제시한다.

　　예) 생일 순으로 일어서기

② 선생님이 "A팀 시작!"이라고 외치면 한 명씩 일어서며 생일을 말한다.

③ 이때 오름차순으로 생일을 말하지 않으면 B팀에게 기회가 넘어간다.

　　예) 누군가 "1월 제일"이라고 외쳤는데 다음 사람이 "1월 15일"이라고 외치면 탈락

- 3초 안에 아무도 안 일어서도 다음 팀에게 기회가 넘어간다.

- 자신보다 느린 생일이 빨리 일어났다면 "땡!"이라 외친다.

- 동시에 일어서도 탈락이다. (같은 생일이라도)

④ 먼저 오름차순으로 일어선 팀이 승리한다.

⑤ 반 전체가 한 팀이 되어 도전해 본다.

ⓘ 활동 유의사항 및 TIP ──────────────

다양한 주제로 가능

생일 순 이외에도 숫자를 1~50까지 마음속으로 하나 정해 일어서기를
할 수 있고, 아파트 층과 호수로 일어서기를 할 수도 있습니다.

라인업 활동

제자리에서 일어서는 활동이 아니라 직접 줄을 서는 활동으로 할 수 있
습니다. 예를 들어 '손바닥 크기'로 줄서기라는 주제를 주면 손바닥을 직
접 비교해 가며 작은 손바닥부터 큰 손바닥까지 한 줄로 서면 성공하는
방식입니다.

색연필로 즐기는
재미있는 놀이

색연필
가위바위보 놀이 3종 세트

활동영상 보러가기

▶해당 영역 : 신체놀이
▶준비물 : 색연필(12개 이상)

#색연필_활용 #색연필_넣기 #다양한_가위바위보

모든 학생이 자신의 12색 색연필을 가지고 있습니다. 자신의 색연필을 하나의 뭉의 개념으로 생각해서 놀이를 만들었습니다. 1대 다수 가위바위보, 1대 1 가위바위보, 레벨업 형식의 가위바위보 등 다양한 형태의 가위바위보를 하며 색연필을 케이스에 넣는 활동입니다. 색연필을 빨리 케이스에 넣어야 하기 때문에 모든 학생이 더욱 집중해서 활동에 참여할 수 있습니다.

활동의 실제

1. 놀이 전 준비

① 색연필 12개를 케이스에서 빼서 책상에 올려놓는다.

- 색연필은 뭉의 개념으로 가위바위보에서 이길 때 케이스에 넣을 수 있다.

- 색연필을 케이스에 빨리 넣는 학생이 우승한다.

2. 놀이방법

놀이 ❶ 색연필 가위바위보 1

① 술래와 가위바위보를 해서 조건에 해당하는 학생만 색연필 1개를 케이스에 넣는다.

조건) 이기거나 빈 학생, 지거나 빈 학생 등 술래가 원하는 조건을 말하고 가위바위보

② 술래는 선생님 또는 학생 모두 가능하다.

- 전신을 활용한 팔벌려 가위바위보로도 가능하다

③ 색연필 12개를 케이스에 먼저 넣은 학생이 우승한다.

- 일정한 시간을 정한 후 색연필을 가장 많이 케이스에 넣은 학생을 우승자로 정해도 좋다.

놀이 ❷ **색연필 가위바위보 2**

① 친구끼리 가위바위보를 해서 이긴 학생만 색연필 1개를 케이스에 넣는다.

  - 친구의 이름을 부르며 여러 명의 친구와 가위바위보를 시도한다.

  - 연속해서 한 명의 친구와만 가위바위보를 하면 안 된다.

② 팔벌려 가위바위보의 방법으로도 가능하다.

  - 손으로 하는 가위바위보로 진행하다가 놀이 중간의 시간에 팔벌려 가위바위보
    를 적용해도 좋다.

놀이 ❸ **색연필 가위바위보 3**

① 색연필 5개를 빼서 책상에 올려놓는다.

② 색연필의 개수가 같은 학생끼리만 가위바위보를 한다.

  - 처음에는 색연필의 개수가 모두 같기 때문에 누구든 가능하다.

③ 가위바위보를 이긴 학생만 색연필 1개를 케이스에 넣는다.

  - 가위바위보에 진 학생은 색연필의 개수가 그대로이다.

④ 색연필의 개수가 같은 학생을 열심히 찾으며 단계를 올리기 위해 노력한다.

  - 단계가 그대로인 학생은 선생님이 가위바위보를 해 준다.

⑤ 모든 색연필을 케이스에 넣은 학생이 우승한다.

  - 다 넣은 학생은 단계가 오르지 않고, 색연필 개수와 상관없이 친구들과 가위바
    위보를 할 수 있다.

ⓘ 활동 유의사항 및 TIP ────────────

1. 최대한 자기 자리에서 움직이지 않은 상태로 가위바위보를 합니다.

2. 팔벌려 가위바위보를 할 때 옆 친구와 접촉이 발생하지 않도록 조심
   합니다.

3. 색연필 개수 관리는 최대한 자기 스스로 양심껏 솔직하게 합니다.

색연필 쌓기 놀이

▶ 해당 영역 : 신체놀이
▶ 준비물 : 색연필(12개 이상)

활동영상 보러가기

#집중+차분 #불안불안 #누가_빨리_쌓나

🗨 활동소개

색연필의 옆면은 모두 둥근 모양입니다. 이 둥근 모양 때문에 색연필을 위로 쌓기가 어렵습니다. 모두 쌓았다가도 색연필이 흔들리면서 무너지기도 합니다. 최대한 집중하고 차분하게 색연필을 천천히 쌓아야 12개의 색연필을 모두 쌓아 올릴 수 있습니다. 쌓는 방식을 처음부터 자세히 알려주기보다는 스스로 탐구해 볼 수 있는 기회를 주며 활동하면 더욱 좋습니다.

🗨 활동의 실제

1. 놀이 전 준비

① 개인 색연필을 1인당 12개씩 준비한다.

- 색연필은 옆면이 둥근 모양으로 된 것을 활용한다. 옆면에 각이 있는 색연필은 제외한다.

2. 놀이방법

① 색연필을 책상 위에 가장 높게 쌓는 방법이 무엇일지 생각해 볼 시간을 준다.

② 학생들이 자유롭게 쌓아 올리며 생각할 수 있는 시간을 준다.

③ 다양한 생각을 함께 공유하면서 우물 모양으로 쌓는 것이 답인 것을 알게 한다.

④ 우물 모양으로 쌓기 연습을 하도록 한다.

⑤ 어느 정도 쌓는 방법을 알았으면 놀이를 시작한다.

⑥ 12개씩 색연필을 손에 쥐고 있는다.

⑦ 선생님의 종소리(시작 신호)와 함께 색연필을 쌓기 시작한다.

- 색연필의 앞부분과 끝부분(각이 있는 부분)으로 겹치게 쌓는 것은 안 된다.

⑧ 12개를 모두 쌓고 "성공!"을 외치면 선생님이 가서 3초 카운팅을 한다.

⑨ 3초 카운팅을 하고 쌓은 색연필이 무너지지 않으면 '성공'을 확인해 준다.

ⓘ 활동 유의사항 및 TIP

1. 놀이방법에 대한 탐구할 수 있는 시간을 줍니다.

2. 차분하게 집중해서 놀이를 진행할 수 있도록 분위기를 만듭니다.

3. 개인의 도전과제를 성공할 수 있도록 충분히 시간을 줍니다.

   - 스피드 스택스와 비슷한 개인 시간 도전 활동입니다.

4. 시간이 충분하다면 5분 정도의 시간 동안 몇 번 쌓고 무너뜨리는지 횟수 도전을 할 수 있습니다.

5. (접촉이 가능하다면) 두 명이 한 팀이 되어 번갈아 가며 한 번씩 쌓는 활동도 가능합니다.

슬기로운 집콕 놀이

집에서 집어!

활동영상 보러가기

▶해당 영역 : 가족놀이
▶연령 : 4세 이상
▶준비물 : 연필, 종이

#집콕 #순발력 #초간단

🗨 활동소개

'집에서 집어! 놀이'는 집에서 준비물 없이 바로 할 수 있는 놀이입니다. 집에서 편한 옷을 입은 상태로 아무 준비 없이 작은 물건 하나로 가족 모두가 쉽게 즐길 수 있습니다. 이 놀이에 필요한 인원은 놀이진행자(사회자)를 포함하여 최소 3명입니다. 눈과 손의 협응력을 키울 수 있는 놀이로서 유아부터 연세가 있는 분까지 모두 즐길 수 있다는 것이 특징입니다.

🗨 활동의 실제

1. 놀이 전 준비

① 두 사람 사이에 집을 물건을 준비한다.

- 종이컵, 작은 인형, 필통 등 손으로 집을 수 있는 물건이면 모두 가능하다.

② 물건을 놓을 작은 매트나 큰 종이를 깔아 둔다. (없어도 관계없음)

2. 놀이방법

① 최소 두 명이 마주 보고 선다.

② 두 사람 사이에 매트를 깔고 그 위에 물건을 놓는다.

　예) 종이컵, 작은 인형, 필통, 안경집 등

③ 놀이진행자(사회자)는 몸의 명칭을 외친다.

　예) "머리", "눈", "어깨", "팔꿈치" 등

④ 놀이활동자는 사회자가 몸의 명칭을 외칠 때, 각각 몸의 부위를 가리킨다.

⑤ 놀이진행자자가 갑자기 "집어!"라고 외칠 때 물건을 집는 사람이 승리한다.

⑥ 이때 사회자는 "집어!" 대신에 "집중!" "자!" "집으랑께!" "집에 가!" 등으로 페이크 (순간 속이는 말)를 해서 아이들이 순간 멈칫하다가 집는 동작을 하도록 한다.

⑦ 놀이활동자와 놀이진행자가 서로 역할을 번갈아 가면서 놀이를 한다.

🛈 활동 유의사항 및 TIP ────────────

집콕 놀이로 협응력과 집중력 키우기

이 놀이는 손을 사용하여 조작하는 활동을 수행하는 데 있어서 눈의 기능과 손을 잘 연결하여 서로 호응하며 조화롭게 하는 능력, 즉 협응력을 키울 수 있습니다. 단어를 듣고 몸으로 부위를 가리키는 훈련은 학습인지 발달에 매우 도움이 됩니다. 중간에 약간의 페이크로 다른 단어를 말할 때, 놀이활동자가 멈칫거리며 다음 단어를 기다리는 동안 청각 및 집중력이 발달됩니다.

학교에서 적용하기

코로나19 상황에서 비접촉 놀이로 활용이 가능합니다. 시험 대형인 상태에서 옆의 친구 책상과 내 책상 사이에 풀이나 필통 등의 간단한 물건만 놓으면 바로 할 수 있습니다. 미리 손 소독을 하고, 가운데에 놓을 물건 또한 미리 소독하고 활동을 합니다.

집에서 풍선 통통!

활동영상 보러가기

▶해당 영역 : 가족놀이
▶연령 : 5세 이상
▶준비물 : 풍선, 타이머

#풍선 #협동 #가족

🗨 활동소개

풍선 하나로 웃음이 터지는 놀이를 소개합니다. 둘이 해도 좋고, 가족 모두가 함께해도 즐거운 놀이입니다. 둘 이상의 가족이 손을 잡고 풍선을 튕깁니다. 제한된 시간 안에 정한 수만큼 튕겨도 좋고, 가족이 편을 나누어 튕기며 즐거운 놀이 시간을 가질 수 있습니다.

🗨 활동의 실제

1. 놀이 전 준비

① 풍선을 적당한 크기로 미리 불어 둔다.

2. 놀이방법

① 둘이 서로 마주 보고 앉아 두 손을 잡는다.

② 놀이진행자가 풍선을 한 번 튕겨주고, 이때부터 두 손을 놓지 않고 풍선을 친다.

③ 처음에는 연속으로 해서 10개 튕기는 것을 목표로 한다.

　　규칙) 손이 떨어지거나 엉덩이를 떼면 반칙이며, 머리나 어깨로 치는 것은 가능

④ 10개 튕기기에 도달했다면, 15개, 20개로 횟수를 늘려 목표를 다시 정한다.

⑤ 가족 수가 많다면 둘 이상이 손을 잡고 도전한다.

　　- 두 명이 할 때보다 더 어려움을 느낄 수 있다.

⑥ 규칙을 조금 변경하여 제한된 시간(예 : 1분) 안에 풍선을 몇 번 튕기는가를 엄마 편대 아빠 편으로 나누어 겨룰 수 있다.

생각보다 쉽지 않은 풍선 통통

처음에는 10개를 연속으로 튕기는 것을 목표로 합니다. 처음 10개 도전했더니 '에...너무 쉬울 듯'. 그러나 결과는 처참했습니다. 두 손을 놓지 않고 풍선을 튕기는 것은 쉽지 않은 활동입니다. 두 사람이 동시에 움직이려는 방향을 서로 잘 알고 행동해야 하기 때문입니다.

몇 번을 하다 보면 요령이 생깁니다. 풍선이 떨어질 때 움직이기, 방향에 맞게 풍선 튕기기 등은 직접 해 보면 터득할 수 있습니다. 이렇게 가족이 서로 실패를 하기도 하고, 마음이 맞지 않게 행동하다가도 요령을 터득합니다.

풍선을 정해진 목표에 맞게 튕기다 보면 가족 간의 웃음 폭탄이 마구마구 터질 것입니다. 또한, 이 놀이를 통해 서로 협동하는 능력뿐만 아니라 정확한 순간에 풍선을 제대로 튕기다 보면 운동신경 등이 발달합니다.

규칙 변형하기

처음에는 목표에 연속으로 맞게 튕길 수 있는가를 알아보다가, 참여하는 가족의 수가 많아질 때는 제한된 시간 내에 어느 팀이 더 많이 튕기는지를 겨루어 보는 것이 더 긴장감이 있고 재미있을 수 있습니다. 가족끼리 풍선 통통 놀이를 하다가 다른 규칙을 넣어 보거나, 규칙을 조금씩 변형해 가며 즐기는 것도 좋습니다.

풍선 대신 비닐봉지로!

코로나19 상황에서 우리 학급 온라인 학습으로 이 놀이를 제시하였는데, 한 가정에서 풍선 대신에 비닐봉지에 바람을 넣어 놀이를 한 예가 있었습니다. 집에 풍선이 없을 때는 비닐봉지로 해 보는 것도 좋습니다.

쓰러질 때까지
가위바위보!

활동영상 보러가기

▶해당 영역 : 가족놀이
▶연령 : 6세 이상
▶준비물 : 편한 옷차림

#가위바위보 #쓰러지는 #집콕

💬 활동소개

아무 준비물 없이 가위바위보를 할 수만 있으면 가능한 놀이입니다.

가위바위보는 아주 간단하게 차례를 정할 수 있는 기본놀이이기 때문에 어린 아이가 있는 집에서는 제일 먼저 가위바위보부터 가르칩니다.

이 간단한 가위바위보를 이용한 놀이는 아주 많습니다. 이 놀이도 가위바위보 하나로 아빠, 엄마를 쓰러뜨리며 서로 마주 보며 배꼽 잡고 웃을 수 있는 재미있는 놀이입니다.

💬 활동의 실제

1. 놀이 전 준비

① 다른 준비물은 필요하지 않으며, 쓰러질 수도 있으니 편한 옷차림이면 좋다.

② 끝까지 놀이에 참여할 수 있는 체력만 있으면 충분하다.

2. 놀이방법

놀이 ❶

① 둘이 마주 보고 서서 가위바위보를 한다.

- 3명, 4명도 가능하다.

② 가위바위보를 진 사람은 한쪽 무릎을 꿇는다.

③ 두 번 지면 양쪽 무릎을 다 꿇는다.

④ 네 번 지면 쓰러지고 놀이에서 진다.

놀이 ❷

① 둘이 마주 보고 서서 가위바위보를 한다.

- 3명, 4명도 가능하다.

② 가위바위보를 진 사람은 무릎을 구부리며 투명 의자에 앉는 자세를 취한다.

③ 한 번씩 질 때마다 점점 더 앉는다.

④ 질 때마다 점점 낮은 자세를 취하다가 먼저 엉덩방아를 찧으면 놀이에서 진다.

🛈 활동 유의사항 및 TIP

가족과 웃음 빵빵!

아주 간단한 가위바위보 한 가지 놀이로 배꼽 빠지게 웃을 수 있는 놀이 입니다. 자녀보다 엄마나 아빠가 쓰러질 때, 더 크게 웃게 됩니다. 두 번째 방법에서는 가위바위보에서 지는 사람이 계속 낮게 앉으면서 힘이 들수도 있지만, 즐거운 놀이와 함께 체력도 키울 수 있습니다.

규칙 새로 만들기

가족끼리 놀이를 하다 보면 새로운 규칙을 만들기가 쉽습니다.

가족 구성원이나 장소의 상황에 맞게 변형이 가능합니다. '놀이❶'은 가위 바위보에서 네 번을 지면 쓰러지게 되고, '놀이❷'에서는 가위바위보의 횟수 관계없이 몸을 더 버티는 사람이 이길 수 있어서 더 재미있는 상황이 생기기도 합니다. 그렇게 쓰러지지 않으려고 버티는 모습, 기우뚱 몸을 기울며 쓰러지는 모습을 보며 가족이 함께 크게 웃어 보면 좋겠습니다.

집에서 가라사대!

▶ 해당 영역 : **가족놀이**
▶ 연령 : **5세 이상**
▶ 준비물 : **진행자의 가라사대 멘트**

활동영상 보러가기

#가라사대 #집콕 #집중력

🗨 활동소개

많은 사람이 알고 있는 그 가라사대 놀이 맞습니다. 굉장히 쉬운 규칙의 놀이로서 무엇보다 놀이진행자의 진행 능력이 중요합니다. 놀이활동자들을 속이기 위한 팁이 매우 필요합니다. 그래도 한번 해 봅시다. 생각보다 잘 속아넘어갑니다.

🗨 활동의 실제

1. 놀이 전 준비

① 놀이진행자는 처음에 멘트 대본을 써서 진행하면 좋다.

2. 놀이방법

① 놀이진행자의 말 앞에 '가라사대'가 붙으면 그 행동을 한다.

② '가라사대'가 앞에 붙지 않은 말은 따라 하지 않는다.

  예) "가라사대 두 손을 올리세요." → 두 손을 올려야 한다.

  "두 손을 내리세요." → 두 손을 내리지 않고 가만히 있어야 한다.

③ 가정에서의 놀이이므로 틀렸다고 해서 바로 탈락하면 놀이 진행이 힘들어진다. 따라서 탈락이 없고 그 자리에서 벌칙을 주는 방법이 좋다.

  예) 행동이 틀릴 때마다 조금씩 앉기, 구슬 10개를 주고 틀릴 때마다 한 개씩 빼기, 틀린 사람을 제외하고 사탕 주기 등

놀이진행자의 진행 능력이 중요한 놀이

이 놀이에서 중요한 것은 무엇보다 진행자의 진행 실력입니다. 따라서 미리 멘트를 준비하면 더욱 재미있게 놀이를 할 수 있습니다. 처음에는 간단한 행동 위주로 하면서 놀이의 형식을 파악할 수 있도록 합니다. 그러다가 갑자기 다른 동작, 예를 들어 '손뼉치기'나 '하트 만들기' 등을 첨가하여 놀이활동자가 실수를 할 수 있도록 유도합니다.

가족 놀이이므로 가족 간의 사랑을 표현하는 여러 가지 지시어를 넣어 진행하면 더욱 즐거운 시간이 됩니다.

놀이진행자의 진행 능력이 필요한 비슷한 놀이

어렸을 적에 한두 번쯤은 해 봤을 놀이입니다. 두 사람이 악수하듯이 손을 잡은 상태에서 놀이진행자가 진행하는 방식입니다.

이야기를 들려주며 특정 단어, 예를 들어 '빵'이나 '이야기 주인공의 이름'이 나올 때 상대방의 손등을 때리는 형식입니다.

주의집중력 기르기

주의집중력이 부족한 학생은 가라사대 놀이를 하면 처음에는 실수를 많이 하게 됩니다. 주의집중력을 높이기 위해서는 비슷한 동작의 말을 많이 한 상태에서 조금씩 동작만 바꾸는 것이 좋습니다.

"가라사대 ○○을(를) 올리세요."와 비슷한 형식을 하며 ○○의 부분을 바꾸어서 계속하다 보면 집중력이 부족한 학생들은 점차 실수하지 않게 됩니다. 이 놀이가 익숙해지면 다른 동작을 첨가하여 지시합니다.

즐겁게 놀이를 하면서 청각력과 주의집중력을 기를 수도 있으니, 이것이 야말로 일석이조, 꿩 먹고 알 먹고, 도랑 치고 가재 잡고가 아닐까요?

짝 놀이 5종 세트

활동영상 보러가기

▶해당 영역 : 가족놀이
▶연령 : 6세 이상
▶준비물 : 테이프, 편한 옷차림

#가위바위보 #짝놀이 #집콕

💬 활동소개

집에서 가위바위보로 즐길 수 있는 '짝 놀이 5종 세트'입니다.

특별한 준비물 없이 간단하게 즐길 수 있는, 가위바위보만 할 수 있으면 가능한 놀이입니다. 규칙도 매우 단순하고 놀이 시간도 짧지만, 막상 해 보면 학생들이 매우 즐거워하는 놀이 모음입니다.

💬 활동의 실제

1. 놀이 전 준비

① 거실이나 놀이를 하는 방 가운데 테이프를 붙여 놓는다.

② 다른 준비물은 필요하지 않으며, 쓰러질 수도 있으니 편한 옷차림이면 된다.

③ 그리고 끝까지 놀이에 참여할 수 있는 체력만 있으면 된다.

2. 놀이방법

놀이 ❶ 거북이 달리기

① 가운데에 테이프를 붙이거나 작은 물건을 놓는다.

② 둘이 가운데를 기준으로 비슷한 거리에서 떨어져 마주 보고 선다.

③ 가위바위보를 한다.

④ 가위바위보에서 이길 때마다 한발씩 앞으로 간다.

⑤ 가운데까지 먼저 가는 사람이 승리한다.

놀이 ❷ 가위바위보 다리 벌리기

① 가운데에 테이프를 붙이거나 기준이 되는 위치를 정한다.

② 가운데에 서로의 발을 붙인 상태에서 가위바위보를 한다.

③ 가위바위보에 이긴 사람은 붙인 발을 뒤로 뺀다.

④ 가위바위보에 진 사람은 발이 뒤로 간 공간만큼 앞으로 뻗는다.

⑤ 가위바위보에 지는 만큼 다리를 벌려 발을 뻗어야 하고, 더 이상 뻗을 수 없을 때 게임은 종료된다.

놀이 ❸ 팔로 몸 씨름

① 둘이서 오른발을 서로 맞대고 선다.

② 둘이 팔씨름을 하듯이 오른손을 잡고 선다.

③ 서로의 손을 잡은 상태에서 팔의 힘과 기술을 이용해 먼저 쓰러뜨리면 승리한다.

놀이 ❹ 손바닥 씨름

① 서로 마주 보고 양손을 마주 댄다.

② 다리는 어깨너비로 벌리고 선다.

③ 서로의 손을 마주한 상태에서 힘과 시간차, 기술을 이용하여 손을 밀어 먼저 넘어 뜨리는 사람이 승리한다. 상대방 발이 떨어져도 승리한다.

놀이⑤ 엉덩이 씨름

① 서로 뒤로 돌아 가까이 붙어 선다.

② 서로의 엉덩이로 밀어낸다.

③ 서로의 엉덩이를 밀면서 상대방이 넘어지면 승리한다.

집에서 간단히 할 수 있는 신체활동

'짝 놀이 5종 세트'는 집의 작은 공간에서도 가능한 놀이이기 때문에 요즘같이 집에만 있는 상황에서 유용하게 활용할 수 있는 놀이입니다.

한창 몸을 쓰며 이리저리 움직이며 놀아야 할 시기에 코로나19로 인해 집에만 갇혀 있는 학생들이 참 딱합니다. 그 에너지를 어디에 풀지 모르고 하루 종일 스마트폰과 게임기만 만지며, 그 모습에 부모님께 공부하지 않는다고 혼나고, 또 그것에 스트레스를 받습니다. 그러는 동안 우리 학생들의 몸과 마음이 병들어 가고 있는 것 같습니다.

학교에서 학생들을 가르치다 보면 가만히 교실에서 학습하고 있을 때, 오히려 친구들과의 다툼이나 갈등이 많이 일어나는 경우를 볼 수 있습니다. 지금처럼 맘대로 밖에 나갈 수 없어 신체활동을 하지 못해 집에서 괴로운 학생들과 부모님들이 있다면 가정에서 간단한 '놀이'를 하는 것을 적극 추천합니다.

학생들은 신체활동을 통해 성취감을 느끼고 즐거움, 만족감 등의 많은 감정을 느낍니다. 작은 공간에서도 다리나 팔 등 몸의 여러 부위를 움직일 수 있는 놀이를 하고 한바탕 웃다 보면 우울한 감정과 스트레스를 날려 보낼 수 있을 것입니다.

포스트잇 꿀잼 놀이 2종 세트

▶ 해당 영역 : 가족놀이
▶ 연령 : 8세 이상
▶ 준비물 : 포스트잇, 사인펜

#포스트잇 #놀이 #집콕

🗨 활동소개

어디서든 쉽게 구할 수 있는 포스트잇을 활용한 놀이 모음입니다.

포스트잇의 특징을 활용한 단순한 활동부터 질문을 하며 답을 추측해 보는

활동까지 다양한 놀이를 소개합니다.

🗨 활동의 실제

1. 놀이 전 준비

① 포스트잇을 준비한다.

② 놀이를 하는 동안 신나는 음악을 틀어 놓으면 더욱 즐겁다.

③ 놀이❷ '포스트잇 다섯 고개'는 서로 질문을 주고받아야 하므로 초등학생 시기

　부터 하면 좋다.

2. 놀이방법

놀이 ❶ **포스트잇! 저리 가!**

① 포스트잇 한 장씩을 얼굴에 붙인다.

② 시작 소리와 함께 "후후" 입으로 불거나 얼굴과 몸을 흔들어 포스트잇을 떼어 낸다.

③ 손이 절대로 닿지 않아야 한다.

④ 먼저 포스트잇을 떼어 내는 사람이 승리한다.

　　- 규칙을 변경하여 몸을 움직이지 않고 입으로 불기만 하여 떼어 내도 좋다.

　　- 처음엔 한 장만 붙이다가 익숙해지면 두 장을 붙여서 떼어 보도록 한다.

놀이 ❷ **포스트잇 다섯 고개**

① 놀이진행자가 주제를 정하면 각자 포스트잇에 주제와 관련된 단어를 적는다.

　　예) 동물 주제 : 토끼, 호랑이 등

② 서로 보이지 않게 단어를 적은 뒤, 서로의 이마에 붙인다.

③ 서로 번갈아 가며 질문을 하고 올바르게 답을 말한다.

④ 질문에 대한 답을 듣고 자신의 이마에 붙은 단어를 추리한다.

　예) 색은 무슨 색인가요? 몸집이 나보다 큰가요? 다리가 있나요? 등

⑤ 2명뿐만 아니라 3~4명이 할 수도 있다. 서로 순서를 정하여 질문하고 답한다.

⑥ 다섯 개의 질문과 답이 오고 가기 전에 단어를 맞히면 승리한다.

　- 주제를 다양하게 정하여 단어를 쓰게 하는 것도 좋다.

　예) 동물, 음식, 캐릭터, 영화, 드라마 등

활동 유의사항 및 TIP

포스트잇의 쓰임

포스트잇은 학교, 집, 사무실 등 어디에서나 쉽게 볼 수 있으며, 여러 가지 활동에 많이 쓰이는 사무용품입니다. 포스트잇의 쓰임은 여기저기에 붙여 놓고 기억을 해야 하는 메모를 적는 것이 대표적입니다. 포스트잇은 크기가 다양하고, 쉽게 쓸 수 있으며, 이곳저곳에 붙였다 뗄 수 있어서 수업, 회의 등에서 다양하게 쓰입니다.

필자도 수업시간에 포스트잇을 자주 사용하는 편입니다. 포스트잇에 간단하게 책의 내용이나 특정 장면, 상황에 대한 떠오르는 생각을 적습니다. 그리고 다시 큰 종이에 붙여 모둠원, 학급 전체 친구들과 생각을 비교하고 나눌 때 쓰기도 하고, 가족놀이에서 쓰기도 합니다. 또한 포스트잇의 다양한 색을 이용한 생각 나누기도 가능하고, 다양한 크기를 이용한 발표 자료로도 효과적입니다.

포스트잇 놀이에 숨어 있는 수학적 논리 사고

질문을 하고 답을 들으면서 상대방이 쓴 단어를 맞혀 보는 포스트잇 놀이는 스무고개와 비슷합니다. 다만, 스무고개 놀이는 질문에 '예'와 '아니오'로만 대답을 할 수가 있기 때문에 어떤 질문을 하느냐에 따라서 정답을 추론하는 과정이 달라집니다.

답이 무엇일지 생각하고 질문하며, 들은 답을 통하여 단어를 추리하고 다음 질문을 어떻게 해야 할지 생각하는 과정에서 문제 해결력과 추론적 사고 능력을 향상시킬 수 있습니다. 또한 서로 질문을 하기도 하고, 질문

에 대한 답을 말하면서 생각을 하는 기회를 만들 수 있는 것도 이 놀이의
좋은 점입니다.

생각을 하면서, 자신의 방식으로 질문하고 답하는 과정에서 내 생각을
잘 말할 수 있는 연습을 할 수 있습니다.

주사위 스피드 퀴즈

▶해당 영역 : 가족놀이
▶연령 : 8세 이상
▶준비물 : 주사위, 종이, 사인펜

활동영상 보러가기

#주사의 #그림 #놀이

💬 활동소개

주사위 한 개를 이용하여 몸으로 표현하고 자신만의 그림과 말로 설명하여 단어를 맞히는 놀이입니다. 남녀노소 누구나 즐겁게 참여할 수 있는 놀이를 소개합니다.

💬 활동의 실제

1. 놀이 전 준비

① 정육면체 주사위를 준비한다.

② 단어를 쓸 종이와 단어를 설명할 수 있는 종이 여러 장과 사인펜을 준비한다.

2. 놀이방법

① 종이를 8칸으로 접는다.

② 주제를 정한 후 각자의 종이에 주제와 관련된 단어를 쓴다.

    예) 동물, 만화, 이야기 속 주인공, 음식 등

③ 각자 단어를 다 쓴 뒤에 가위로 오린다.

④ 오린 종이는 두 번 접어 바구니(없으면 종이를 보관할 수 있는 그릇이나 상자)에 넣거나, 바구니가 없으면 바닥에 두어도 좋다.

⑤ 가위바위보로 순서를 정한 뒤, 주사위를 던져서 단어를 설명한다.

    - 주사위가 없다면 휴대전화 애플리케이션에서 주사위를 다운받아 사용하는 것도 가능하다.

⑥ 단어 설명하기 규칙은 다음과 같다.

    ☞ 주사위의 숫자가 1, 2가 나오면 몸으로 설명하기

    ☞ 주사위의 숫자가 3, 4가 나오면 말로 설명하기

    ☞ 주사위의 숫자가 5, 6이 나오면 그림으로 설명하기

⑦ 한 명이 바구니에서 문제를 뽑고 혼자만 확인한 뒤, 주사위를 굴린다.

⑧ 주사위의 숫자대로 단어를 설명하여 상대방이 맞힐 수 있도록 한다.

⑨ 단어를 맞힌 사람이 쪽지를 가진다. (1점 획득)

⑩ 맞힌 사람이 다음 출제자가 된다.

ⓘ 활동 유의사항 및 TIP

둘이서도 가능

'주사위 스피드 놀이'는 3명 이상이 하기 적당한 놀이이지만, 두 명이 하는 것도 가능합니다. 서로의 단어를 맞히기 할 때 정한 시간(30초, 1분) 안에 맞히기 제한을 두면 둘이서도 즐겁게 활동할 수 있습니다.

표현력과 창의력을 기르는 놀이

단어를 몸으로, 그림으로, 말로 설명하는 것은 생각보다 어려운 일입니다. 간단한 단어를 여러 가지 방식으로 설명하다 보면 표현력과 창의력을 기를 수 있습니다. 집에서 가족들과 함께 간단히 할 수 있는 주사위 스피드 놀이를 하다 보면 기발한 표현 방법과 창의력에 신나게 웃고 감탄할 일이 생깁니다.

책 속에 보물이!

▶해당 영역 : **가족놀이**
▶연령 : **6세 이상**
▶준비물 : **포스트잇, 책장, 또는 집 안의 여러 가지 가구**

#보물찾기 #꿀잼 #놀이

🗨 활동소개

'보물찾기' 하면 어릴 적 추억이 떠오릅니다. 소풍을 갔을 때, 선생님이 숨겨 놓은 보물쪽지를 발견하기 위해 여기저기 뛰어다녔던 기억이 있습니다.

보물찾기는 보물쪽지를 찾기 전에 두근두근하던 감성을 떠오르게 합니다.

집에서도 보물쪽지를 숨겨 놓고 아이들에게 찾으라고 한 적이 있습니다.

아이들은 신나게 찾고, 또 그것을 찾는 과정에서 희열을 느낍니다.

어차피 들어줄 소원이나 약속이 있다면 이 보물찾기로 시간도 벌고, 재미도 얻게 하는 것이 어떨까요?

🗨 활동의 실제

1. 놀이 전 준비

① 놀이진행자는 포스트잇이나 작은 쪽지에 보물이 될 만한 내용을 써 놓는다.

   예) 스파게티 먹기, 가족과 보드게임 하기, 박물관 가기, 영화 보기, 숙제 면제권,

   오늘은 내 방 정리하지 않기, 12시까지 늦잠 자기 등

② 숨겨 놓을 만한 장소를 생각해 본다.

2. 놀이방법

① 포스트잇 20장에 아이들이 좋아할 만한 거리를 찾아 적는다.

   - 포스트잇 장 수는 상관없이 더해도 좋고, 덜해도 좋다.

② 그 종이를 책장의 책 속에 붙여 놓는다.

   - 책이 많지 않다면 커튼 뒤, 피아노 아래, 식탁 아래 등 여러 곳에 숨겨 놓는다.

③ 시간을 정하여 찾도록 하고, 종이의 개수에 따라 시간을 조절한다.

   예) 오늘 저녁 8시까지, 이번 주 주말까지 등

④ 보물쪽지를 찾는 대로 보관한다.

⑤ 적절한 때에 보물쪽지를 사용한다.

약속 지키기로 책임감 있는 부모 되기

육아서를 읽다 보면 부모의 일관적인 태도가 자녀의 자존감이나 안정된 성격에 영향을 준다고 하는 것을 볼 수 있습니다. 필자는 자녀에게 약속을 많이 하지는 않지만, 약속하면 그것을 꼭 지키려고 노력하는 편입니다.

아이는 부모가 자신과의 약속을 지키는 것을 보면서 자존감을 키우고 부모에 대한 존중과 권위를 배우게 됩니다. 책임감이 강한 학생으로 성장하기를 바란다면 작은 약속도 꼭 지키는 부모가 돼야 합니다. 그러기 위해서는 꼭 지킬 수 있는 약속하기, 거래성 약속하지 않기, 약속을 지키지 않은 경우에 사과하기 등의 원칙을 세워야 합니다.

보물찾기의 보물쪽지도 허황된 약속보다는 매일의 생활 속에서 아이들에게 조금의 여유를 줄 수 있는 것으로 생각해야 합니다.

그림으로 단어를 맞혀 봐!

▶해당 영역 : 가족놀이
▶연령 : 8세 이상
▶준비물 : 종이, 사인펜

#그림 #단어 #집콕

🗨 활동소개

아이들은 아무 그림이나 그리면서 킥킥거리며 놀기를 좋아합니다.

주어진 단어와 연상되는 그림을 그려 보며 즐길 수 있는 놀이를 소개합니다.

🗨 활동의 실제

1. 놀이 전 준비

① 단어를 그릴 종이와 사인펜을 준비한다.

② 단어를 연상할 수 있는 그림을 그려야 하기 때문에 너무 어린 유아가 활동하기는
　　어려울 수 있기 때문에 초등학교 저학년 이상이 하는 것을 권장한다.

2. 놀이방법

① 두 명부터 놀이가 가능하다.

② 가위바위보로 먼저 문제를 내는 사람을 정한다.

③ 주제를 정한 뒤, 단어 하나하나가 연상되는 그림을 그린다.

예) 주제 선정 - 1. 동물 2. 생활용품

④ 그림을 보며 주제와 맞는 단어를 생각한다. 한 번에 맞히면 5점을 획득한다.

⑤ 너무 어려우면 힌트 그림을 덧붙여 그리거나 단어 한 개씩을 공개한다.

⑥ 힌트를 한 번씩 공개하거나 그림을 덧붙일 때마다 점수 1점씩을 감점한다.

⑦ 서로 번갈아 가며 문제를 내고, 정해진 목표점수를 먼저 획득하는 사람이 승리한다.

(위 예시 정답은 1. 사자 2. 주전자)

 활동 유의사항 및 TIP

어른의 눈으로는 NO, 아이들의 눈으로는 YES!

처음 이 놀이를 하면 좋겠다고 이종대왕 이종혁 선생님께 제안을 받았을 때, 솔직히 제대로 할 수 있을까 하는 생각이 먼저 들었습니다. 나부터도 단어를 어떤 그림으로 그려야 할지 감이 잡히지 않았고, 또 그것을 그림으로 그려서 보여 줘야 한다는 부담감이 있었기 때문이었습니다.

그러나 우리 아이들에게 이 놀이를 이야기해 주었을 때 반응은 예상보다 좋았습니다. "오, 재밌겠어요! 빨리 해 봐요."라며 놀이를 하고 싶어 했습니다. 실제로 해 보니 오히려 아이들이 무척 재미있어 했고, 단어 낱자에 대하여 연상하는 그림을 재밌게 그리고 서로 킥킥거리며 즐거운 시간을 가졌습니다.

나의 예상보다 더 기발하게 그림을 척척 잘 그리는 아이들을 보면서 나만의 생각으로 아이들의 모든 것을 제한하지 않았나 생각이 들었습니다.

단어 연상하기, 그림으로 표현하기

학교 현장에서 놀이로 수업을 하다 보면 많은 것을 얻을 수 있습니다.

사회성, 협동심, 배려심, 인성 등 여러 가지를 얻을 수 있습니다.

집에서의 놀이는 사회성이나 협동성을 기르기에 힘들 수도 있지만 뇌 발달이나 인지 발달을 시킬 수 있는 놀이가 많습니다. 이 놀이 또한 한 단어와 연관되어 있는 다른 단어 생각하기(사자의 '사'와 관련된 단어 생각하기-사과, 사다리 등), 그 단어를 그림으로 표현하기 등으로 뇌 발달이나 인지 발달에 도움이 될 것입니다.

다음으로 소개하는 고전 놀이 또한 재미있게 즐기다 보면, 추론하기, 연상하기, 논리적으로 연관시키기 등을 기를 수 있습니다.

고전 놀이 3종 세트

▶해당 영역 : 가족놀이
▶연령 : 8세 이상
▶준비물 : 종이, 사인펜

#야구 #간단놀이 #집콕

🗨 활동소개

어릴 때 한 번쯤은 해 봤던 고전 놀이 모음입니다. 장난감의 종류가 많지 않았을 때, 가족과 친구들과 즐겁게 했던 고전 놀이 세 가지를 소개합니다. 의외로 꿀잼이며, 규칙 또한 간단합니다.

🗨 활동의 실제

1. 놀이 전 준비

① 종이와 사인펜을 준비한다.

② 숫자 야구 놀이는 논리적 추론 능력이 필요하므로 초등학생 이상이 즐길 수 있다.

2. 놀이방법

놀이 ❶ 추억의 숫자 야구 놀이

① 숫자 야구 놀이는 각자 정한 세 자리의 숫자를 맞히는 놀이이다.

② 0~9의 숫자 중 세 자리 숫자를 정하여 종이에 적는다.

　- 숫자를 중복해서 쓰지 않는다.

③ 서로 돌아가며 상대방의 세 자리 숫자를 예상해서 말한다.

④ 이때 아래 규칙이 적용된다.

　☞ 숫자는 맞지만, 위치(백, 십, 일자리)가 다르면 볼(B)

　☞ 숫자와 위치가 맞으면 스트라이크(S)

　☞ 세 자리 숫자가 전부 틀렸으면 아웃(OUT)

⑤ 무엇이 볼이고 스트라이크인지 가르쳐 주지 않는다.

⑥ 예상한 숫자들을 조합하여 상대방의 세 자리 숫자를 맞히는 놀이이다.

예) 세 자리 숫자가 369일 경우

횟수	숫자			판정
1	1	5	8	아웃
2	7	3	2	1B
3	3	7	4	1S
4	1	7	6	1B
5	3	2	6	1S 1B
6	3	9	6	1S 1B

놀이 ❷ 젓가락 게임

① 두 사람이 양손의 검지만 편 상태로 마주 보고 앉는다.

② 가위바위보로 순서를 정한다.

③ 펴고 있는 손가락으로 상대방의 편 손가락을 살짝 치는 것이 공격이다.

④ 공격을 받은 사람은 공격한 사람이 펼쳤던 손가락의 수만큼을 더하여 손가락을
편다.

   - 이때 한 손에 펼쳐진 손가락이 5개가 되면 그 손은 사용하지 못한다.

⑤ 방어는 펼쳐져 있는 손가락으로 자신의 다른 손을 살짝 쳐서 원하는 수만큼의 손
가락을 다른 손으로 옮길 수 있다.

   - 상대방의 공격으로 사용할 수 없게 된 손에 다른 손의 편 손가락을 옮길 수 있다.

⑥ 공격과 방어를 적절하게 하여 상대방의 양손을 모두 사용하지 못하도록 한 사람
이 승리한다.

① 종이에 점을 많이 찍어 둔다.

    - 사인펜이나 네임펜 등의 진한 펜으로 찍는다.

② 가위바위보로 순서를 정한다.

③ 가위바위보를 이긴 사람이 점과 점을 직선으로 한 번 연결한다.

④ 그다음 사람이 뒤를 이어 점과 점을 직선으로 잇는다.

    - 먼저 한 사람의 직선과 연결해도 좋고, 새로운 점과 점을 연결하여도 좋다.

⑤ 삼각형을 만든 사람이 자신의 영역을 표시한다. (○, ♡, ☆ 등의 모양)

⑥ 점이 없어질 때까지 자신의 삼각형을 많이 모은 사람이 승리한다.

숫자 야구 놀이로 온 가족이 흥미진진!

숫자 야구 놀이는 어릴 적 필자가 정말로 즐겨 하던 놀이입니다.

점점 잊혀 가고 있는 요즈음, 우연한 때에 우리 아이들과 하게 되었는데 생각보다 더 즐거워하는 아이들을 보니 참 뿌듯했습니다. 이 놀이야말로 아무런 준비물 없이 종이와 사인펜으로 뚝딱 할 수 있습니다.

또한 집에서 엄마 편, 아빠 편으로 나누어서 서로 숫자를 추측해 가는 과정에서 가족끼리 이야기할 시간도 많아지고, 몰랐던 아이의 성향까지 파악할 수 있습니다.

필자의 큰 딸과 작은 딸은 숫자 야구 놀이 종합장이 따로 있을 정도로 이 놀이를 좋아합니다. 초등학생 이상의 자녀가 있는 분들에게 적극 권장합니다.

젓가락 놀이 해보기

놀이의 방법을 글로 읽거나 말로만 들어서도 잘 이해가 가지 않습니다. 특히, 이 놀이는 직접 시범을 보이거나 영상을 꼭 보여 주어야 합니다. 상대방의 양손을 모두 사용하지 못하도록 하는 전략을 생각해 보며 할 수 있도록 유도해야 합니다.

땅따먹기

놀이를 하다 보면 자기만의 요령이 생깁니다. 하면 할수록 은근히 재미있는 집콕 놀이입니다.

둘이서 머리를 맞대고 하다 보면 시간 가는 줄 모릅니다.

그래서 시간을 정하여 놀이를 하는 것이 좋습니다. 비슷한 놀이로는 오목 놀이가 있습니다.

저는 학부모 상담이나 또래 주변 학부형들이 교육에 대해 조언을 구할 때면 "책을 많이 읽나요?" "무조건 책 많이 읽어주세요." "스스로 공부하는 자기주도학습 능력을 키워주셔야 합니다." "아이와 많이 대화하세요."라고 이야기하는 평범한 교사이자, 엄마입니다.

평소 학교 수업이나 가정에서 '놀이'에 대해서는 깊이 생각해 본 적도, 어떤 의미도 찾아본 적이 없었다고 솔직하게 고백합니다. 그러나 이종대왕 선생님을 통해 여러 가지 놀이를 접한 후로 무수히 많은 교육활동 중에서 '놀이' 활동의 중요성, 즉 아이들은 놀면서 배우고 큰다는 사실을 배우고 있는 중입니다.

놀이로 아이들에게 줄 수 있는 것은 즐거움과 재미뿐만 아니라, 수업시간에 배워야 할 지식, 배려심, 협동심 등의 여러 인성 역량을 자연스럽게 키울 수 있다고 몸소 체험하고 있습니다. 지금까지 놀이는 수업과 관련도 없고 어렵다고만 생각했는데, 놀이를 통해 교사의 큰 개입 없이도 아이들에게 큰 배움이 일어날 수 있다는 것을 직접 느끼고 있습니다.

이종대왕 선생님의 온라인 콘텐츠로 '집콕 놀이'를 가정에서 영상을 찍어 유튜브에 올려 보자는 제의를 받고 처음에는 조금 망설여졌습니다. 유튜브에 영상을 올려본 적도 없었고, 가족들의 얼굴이 불특정 다수에게 알려지는 것이 부담스러웠기 때문입니다. 하지만 지금과 같은 어려운 시기에 가정에서 가족과 함께할 수 있는 놀이에 대한 콘텐츠를 소개하는 것도 의미가 있을 것 같았습니다. 또한, 평소에 아이들과 함께 놀아 주지 못하는 엄마였는데, 집에서 간단하게 할 수 있는 놀이를 하며 좋은 엄마가 되어 보자는 생각에 집콕놀이 영상을 제작하기로 했습니다.

영상을 제작하면서 아이들과 더 친해지고 웃는 시간이 더 많아서 좋았습니다. 영상을 제작하고 유튜브에 올리자 생각보다 폭발적인 반응에 깜짝 놀랐습니다. 학교에 못 가고 집에만 있어야 하는 학부모와 학생, 온라인 콘텐츠가 필요한 교사들의 요구와 잘 맞아 떨어졌기 때문이 아닐까 생각합니다.

집이나 학교에서의 놀이는 아이들을, 또 어른들을 참 많이 웃게 만듭니다. 지금과 같은 힘든 시기에 집에서 가족이 함께 아이들과 할 수 있는 놀이에 대한 콘텐츠가 많아질 수 있도록 연구해야겠다는 생각을 하게 됩니다.

이제 저는 교사로서, 학부모로서 누군가가 아이들의 교육에 대해 질문을 하거나 상담을 요청해 오면 한 가지 더 덧붙일 말이 생겼답니다.

"집에서 아이들과 잘 놀아주시나요?"
"수업 시간에 아이들과 놀이 활동을 많이 하나요?"

집콕 놀이로 가족 간의 추억과 놀이의 중요성을 깨닫게 해 준 이종대왕 선생님, 집콕 놀이 촬영에 함께한 사랑하는 딸 유민, 유나와 남편에게 감사의 인사를 전합니다.

- 집콕놀이, 한미경

매일 학생들과 와자지껄 웃으며 하루를 보내는 것은 축복 같은 일입니다. 하지만 코로나19로 인해 교실에서 마음 놓고 웃고 떠들기 힘들어졌을 뿐만 아니라 학생들의 얼굴을 마주하는 것조차 쉽지 않은 일상이 되었습니다.

'거리를 두면서 할 수 있는 놀이도 있지 않을까?'라는 물음으로 시작한 이 책의 원고를 읽으며, 다시금 학생들과의 행복한 교실이 올 수 있겠구나 하는 희망을 느꼈습니다. 원고에 실린 놀이들을 해 보며 만난 학생들의 반짝이는 눈빛은 삽화 작업을 하는 데 가장 힘찬 원동력이 되었습니다.

교육 자료를 예쁘게 꾸미는 것은 기분 좋은 일입니다. 그 자체만으로도 빛나는 교육 자료에 날개를 다는 일이기 때문입니다. 항상 부족한 실력이지만 선생님들이 놀이를 이해하는 데에 삽화 설명이 도움이 되길 바랍니다.

학생들의 행복한 학교생활을 위해 스스로 공부하시는 선생님들을 진심으로 존경합니다. 항상 아이들을 마음에 품고 살아가시는 선생님들, 다치지 않고 오래도록 행복한 출근할 수 있으시길 기도합니다. 오늘 수업도 정말 최고였습니다.

끝으로 항상 좋은 선생님의 롤 모델이 되어 주신 종혁이 형과 부족한 그림에 아낌없는 격려 주신 송성근 선생님, 그리고 세상을 아름답게 볼 수 있는 눈과 마음을 주신 어머니와 그 마음속에 항상 빛나고 계신 아버지께 감사의 말을 남깁니다.

- 눈부신 아이들과 함께 축복의 하루를 보내며, 그린이 김우찬